U0135157

Smart智富
贏家系列3

16年畢生絕學大公開

我的技術線型會轉彎

康和證券自營部資深副總經理

廖繼弘◎著

Part 1
廖繼弘私家技術指標操作心法 `023`

Part 2
常用技術指標解析

Part 3
如何掌握多空趨勢方向及轉變

Part 4
買進什麼股票 185

Part 5
籌碼面分析 205

投資理財是人生的必修課
——智富文化出版的緣起

中國 自盤古開天以來，財富受到人文的貶抑、偏見的醜化，然而，它卻是人們生活與家庭的基石。

我們不必承受傳統文化的偏見，避談財富：面對結婚生子、養兒育女、購車置屋、退休養老等人生現實面，我們必須正視財富，必須理財，甚至投資。

現在是資本社會，景氣有循環，物價會漲跌，利率有高低，幣值會升貶……這些每每牽動人們的財富，也影響到生活。匯率貶低、物價上揚、利率下滑，如果不理不睬，財富會自動縮水；景氣復甦時，寄望加薪而不投資，個人財富將永遠跟不上社會繁榮的腳步，因此，我們必須理財，甚至投資。

現代的學校教育，教人文、學科技，卻完全忽略「理財是人生的必修課」，人們從父母的隻字、親友的片語、業務員的斷章、電視報紙的取義，取得支離破碎的理財知識，這是不足也是危險的。雜誌與書籍，讓你更深入、更有系統，是不可或缺的理財知識來源。

《Smart智富月刊》創刊已六年，如今再成立智富出版社，以「投資」和「理財」為出書領域，以「專業」和「易懂」為編輯精神，讓讀者更Smart取得財富智識；這就是「SMART智富」出版所要的、所追求的。

Smart智富月刊發行人

童再興

做個投資者眞好！

謝金河

大學時代，我曾經是一個政治狂熱分子，我曾經為每一場政見發表會，專程坐車趕赴鳳山，又從鳳山殺到中壢，然後直接趕到羅東，我以為這一生會成為政治人物，沒想到1984年進入財訊雜誌，從此改變了這一生的命運。

我放棄了對政治的狂熱與憧憬，主要是想到政治是零和競賽的遊戲，尤其是一對一的縣市長選舉，甚至到這次總統大選，我們都看到刀光劍影的廝殺，雙方殺紅了眼，只為了搶那一個僅有的席次，我覺得政治這條路實在太殘酷了，於是我放棄。

後來我在投資的領域，找到了一個比政治更吸引人的領域，在投資這一塊，你不須再與人殺紅了眼，因為賣出股票，也不會知道你的股票是賣給了誰；買了股票，也不知是從誰的手上買到，心中坦蕩。

況且，股票的投資有別於其他的賭博方法，大多數賭博贏錢的方程式，除了「運氣」，「運氣」，還是「運氣」。但是股票投資，運氣並不是唯一致勝的關鍵因素，你必須深入地研究技術分析，瞭解大盤及個股的線型與變化；你也必須瞭解基本分析，知道產業的變化，個別公司的經營內涵；然後很有智慧地下達買進與賣出的決策。

這是我這一生當中最有挑戰的工作，結果從1984年到現在，我在財訊文化事業足足已渡過了廿個寒暑。

　　繼弘兄跟我一樣，16年前他從政大企研所畢業，就「彈無虛發」地投入股票市場。他很精準地選擇在股市叢林作戰，從投顧公司的研究員，投信公司的投資研究，再到基金操盤工作，目前繼弘兄在康和證券自營部擔任自營部的副總經理，他在每個工作崗位上都表現十分出色，如今繼弘兄準備把他16年的畢生絕學分享給大家，這是大家分享名家操作心得的一本好書。

　　過去這16年來，台灣股市經歷無數個多頭與空頭，包括1990年的股市萬點狂飆行情，到2000年以前高科技股狂飆，然後到了2000年之後，台灣累積了資產泡沫與高科技泡沫，同時進入調整，股市每一次大漲都帶給大家如癡如醉的歡樂，可是大漲過後的狂跌總是令人難挨，尤其是空頭調整，總是比多頭的狂嘯更長更久。

　　在股市，我看過很多人暴起，也看到很多人暴落，不過繼弘兄總是在每一個波段操作中繳

我看過很多人暴起暴落，不過繼弘兄總在每一個波段操作中繳出相當不錯的戰果。

出相當不錯的戰果。正如他平常的為人謙恭有禮，繼弘兄在操作上始終把握住「掌握趨勢，順勢操作」的原則，在冷靜的操作中賺取豐厚的利潤。

　　繼弘兄說，錢進股市，必須從基本面、資金面、政策面、法人動態、國際股市及技術面等六個層面著手。尤其，成功的投資是興趣加狂熱累積出來的成果。

　　很多人常問我說，現在股市可不可以玩？我總是板起臉孔冷冷地回應說，股票不是用來玩的，若是抱著玩票的心情「玩」股票，很可能會把全部的家當輸光。

例如很多家庭主婦，在菜市場總是拉高嗓門，為了一斤菜能少個五毛錢而賣力地討價還價，可是買股票時，往往不求甚解，人云亦云地拿起電話就下單，結果是買菜就認真討價還價，只省了幾塊錢，可是隨便拿起電話就下單，可能因為打了一通電話賠掉了幾十萬元。

所以說，股票不是拿來玩的，而是要用熱誠來灌溉，還要用盡一生的精力，而繼弘兄正是為研究股票「衣帶漸寬終不悔」的典型代表。

這次他將16年來的操作心得公諸於世，大家可從他鑽研的新價三線及牧野三角測量理論的獨家投資祕法中，找到投資股票的致勝之道！看完這本書，大家會覺得值回票價！

（本文作者謝金河為今周刊發行人及財訊快報社長）

成功的賺錢方法

把自己多年的經驗或獨門祕笈寫成書，跟許多人分享，實在是胸襟寬廣、造福人群的一件事。

有興趣的人只要花一點錢、一些時間，就可以將作者智慧的精華吸收，甚至或許還可以據此投資賺錢，這種事聽起來就是大大的好事。所以非常高興繼弘兄在許多朋友之後也加入了這個行列。

技術分析是一種易懂難精的學問，沒有長時間的鑽研及實際操作的經驗，技術分析不會變成有用的工具。市面上有許多電腦軟體提供了大量的線圖以及各種指標，但如果不能去蕪存菁，找到簡單有效的方式，其實過量的資訊反而使投資步調更加凌亂。

繼弘兄在技術分析的理論上功力深厚，加上在投信公司及證券商自營商的成功經驗，正所謂「股市沒專家有贏家」，這本書可說是成功的賺錢方法。針對他認為有用的指標深入分析，根據分析結果找出預測漲跌的方法、買什麼股票。在股市實戰中，本書提供的答案已經很足夠讓投資者趨吉避凶了。

繼弘兄在技術分析上功力深厚，加上在投信及自營商的成功經驗，本書是成功的賺錢方法。

（本文作者為瑞銀華寶證券總經理於貽勳）

「專業」「努力」「自律」
成就一代菁英典範

鄭世華

能夠延攬廖繼弘先生到康和證券服務，是近年來我最引以為傲的一件事，這代表康和證券的環境與條件能夠吸引像繼弘這樣的市場佼佼者，也隱含著康和證券的自營商單位在繼弘的率領之下，將會為康和證券帶來強力加值的功效。

繼弘是在2003年2月分開始到康和證券自營本部服務，掌管自營部、自營期貨部、研究部等單位。他在市場上的名聲很響亮，其實在禮聘繼弘為康和證券打拼之前，我時常與他餐敘討論盤勢超過50次以上，當時我的觀察，繼弘雖然知名度很高，為人卻很謙和，不會吹噓自我膨脹，操守又極佳。

而且談到總經環境和股市行情，對於各項統計數據及產業獲利資訊的掌握，又充分表現出他的專精。當時我就下定決心，這樣的人才，一定要想辦法延攬到康和證券服務，之後我就以非常誠懇之心意持續兩年的邀約，終於如願。

許多人以為繼弘是坊間一般的股市名嘴，那可就大錯特錯，其實，他是持有正式分析師執照、政大企研所畢業的高材生，憑著多年努力的累積，才有今天這樣的功力。

同事們告訴我，繼弘每日早上6點多就已在辦公室開始一天的準備工作，晚上如果沒有電視台錄影或是其他的邀約，也必定留在辦公室研究盤勢到9點過後。這樣的努力，已經持續十多年，他能有

今日這樣的成就與地位，絕非僥倖與偶然。

由於他的自我要求非常嚴格，其他同事在他的影響下，也倍受薰陶，整個自營商與研究團隊也因此不斷向上提升，反映出來的研究品質與自營商績效讓董事會都很滿意。

如今繼弘要將他十多年操盤的心得與經驗付諸於文字傳承於世，這是所有投資大眾所企盼

繼弘持有正式分析師執照，每日晚上研究盤勢到9點過後，他的成就與地位，絕非僥倖與偶然。

的。同業有不少操盤人知悉繼弘出書的消息，等著要拜讀他的大作，而我亦引頸而盼，想窺探繼弘這一路走來的心路歷程與投資法寶究竟為何。

繼弘他以「專業」「努力」「自律」，成就了一代菁英典範，這本書集合了他的專業、努力、多年來行情起伏的經驗累積，可說是心血結晶，非常值得推薦給所有的投資朋友們。

（本文作者為康和證券集團董事長鄭世華）

不斷學習是投資工作最吸引人之處

曹幼非

對一個在證券市場待的夠久的人都知道，股市是一個很嚴格的試煉場，如果要在變幻莫測的環境中，能夠有個還不錯的成績，實在不是件容易的事，因此我自己也常常在看坊間是不是有一些不錯的書來看看不同人的觀點。

但是一般而言，好的投資理財參考書籍並不太多，所以此次當我知道繼弘兄準備出一本投資的書時，不禁覺得大家有福了，因為他必然會將「投資邏輯」說明清楚，以他負責任的個性來說，必然是會講解的較為完整。

股市投資最難的地方是如何「取得先機」，一方面它提供的投資利潤最大，但另一方面，投資股市也是最難的。

繼弘出書，大家有福了！股市投資所必須做的學習是很驚人的，因此，不斷的學習是必備的。

以基本面來說，世界上有不少的專業預測機構，如每個月預測各種數值，但實際上確切命中的不算太多。另一方面，當基本面資料公布時，股市早已反應完畢了。

因此在台灣這個「淺碟」的股市中，以技術面來看未來的發展，也有一定的作用。但是大家不應誤會繼弘兄僅僅以技術面來作投資的唯一依據，讀者不妨深入其中好好的體會。

就如同繼弘兄在書中所提到的，股市投資所必須做的學習是很驚人的。一方面，學問浩瀚如海，仍有太多可學之處；另方面股市面臨的未來，過去很少可提供完整的預測。因此，不斷的學習不但是必備的，也是投資工作中最吸引人的部分。特以此祝賀繼弘兄的傲人成就，也與諸位讀者共勉之。

（本文作者為英國保誠集團大中華區投資基金總裁暨保誠投信總經理曹幼非）

投資股票成功的重點

廖繼弘

當 Smart智富月刊執行主編楊秀清小姐邀約寫一本有關股市技術分析及操作策略的書籍時，我考慮了很久才答應。

大約在四、五年前，也有出版社找過我寫書，但我大都予以婉拒，因為我沒有把握能否寫出一本簡單、易懂，而且能幫助投資朋友判斷股價趨勢方向、選股，進而擬定正確因應進出策略，在股市中獲利的書籍。

不過，經過四、五年來在自營商操盤的工作歷練後，我對股市趨勢分析、判斷、選股及進出策略的想法，都更為成熟，也建立一些分析、判斷、選股及操作的方法，這些方法也從實際操盤驗證上獲得相當不錯的成績，應可提高這本書的實用性。現在將這些心得分享與投資朋友，相信對投資朋友在股市操作上有所幫助。

在16年的工作生涯中，常常聽到學院派的人說：「技術分析是短線的、投機的及危險的。」我通常一笑置之，回想起剛從政治大學企管研究所畢業時，由於學院派的訓練使然，一開始也使我對技術分析非常地排斥，可以說我從排斥到接受，從不相信到相信，到仔細研究技術分析，實際運用在分析及操盤工作上，費心花了很長的時間調整。

因為過去我在證券商及投信工作的長官大都不信賴技術分析，我只有用成績來證明，以我最近幾年在操盤工作上的表現，我想我已證明了一切。

研究股市的方法很多，每個人有權利選擇自己喜歡的方法，不了解技術分析使用方法的人自然會排斥，事實上，在國內外都有很多運用技術分析方法的傑出操盤人。我認為，不管是使用基本分析或技術分析，只要能賺錢的方法就是好方法。

我將自己的研究方法定義為綜合運用技術分析及基本分析方法的綜合學派，分析各種影響股市的變數，如景氣、資金、政治、國際股市、外資及國內法人動態、籌碼面、技術線型等後，推測股市的多空方向及擬定操作策略。

雖然有人不認同，但我仍要強調，技術分析是具實用性的方法，重點在於了不了解、會不會運用及判斷，正如同滿口基本面，但卻抓不到產業景氣的轉折點，那基本分析也發揮不了用處。

研究股市的方法很多，不管是使用基本分析或技術分析，只要能賺錢的方法就是好方法。

這本書的探討重點不在技術分析理論及方法，它的中心思想主要是透過技術分析判斷多空趨勢的轉變及力道、選股和進出策略，偏重於實用導向，運用技術指標是達成目標的工具。

不過，技術指標的種類很多，因為這不是專門介紹技術指標的書籍，我只介紹我個人常用的一些基礎性且有效的技術方法，包括由當日開盤價、最高價、最低價及收盤價所畫出的日式K線、累積一段時間所形成的型態、移動平均線、趨勢線、新價三線、價量結構、以及技術指標中的相對強勢（RSI）、隨機指標（KD值）、指數平滑異同移動平均線（MACD）、趨向指標（DMI）等。

由K線型態、移動平均線及成交量組合的K線圖是技術分析最基

本的架構，其它的技術指標大多是由當日股價波動幅度及收盤價計算得來，也就是當日多空激戰的結果，藉此可判斷多方及空方哪邊較具優勢、優勢的強度如何。

從移動平均線的方向、技術指標使用的基期（日、週或月）、指標表現強弱度、價量結構等，可判斷出股價趨勢是屬短多（空）、中多（空）或中長多（空）行情，採取搶短、觀望、中期或中長期波段等不同的操作方式因應。

技術指標不需要了解太多種類，熟用一些基礎性的概念及指標，即便是一些簡單的招式，也可行走江湖，最重要的是要熟用且有信念，順著股價趨勢變化調整操作策略，才能發揮較大的效用。

我認為投資股票要成功，有兩個要特別注意的重點，第一是找出你的投資方法，經過不斷的實務操作，磨練與陶冶自己的知識及技巧，得到更深的體會與信念，而且要不斷的溫故知新。

被美國商業周刊評為亞洲最佳創業家的鴻海精密工業董事長郭台銘曾說：「成功的人找方法，失敗的人找理由。」不斷努力練習，找出方法的人一定可以在股市中獲利。

第二是順應股價趨勢操作，在文章中，我不斷強調，股價趨勢是最真實的方向，不要自認可以改變趨勢，不要在趨勢反轉時，不斷拿基本面很好的理由來安慰自己，股價趨勢不會因為你的期望而改變，只有順勢操作才能獲利。

謹以此和投資朋友共勉，祝福大家投資順利，財源滾滾。

廖繼弘私家技術指標操作心法

第1章 回首16年操盤來時路

<big>**說起來**</big>還真是有趣，10多年前我還曾經在中原大學兼課，教授投資學與財務管理，可是工作之餘，我自己卻跑去學難登學院廳堂的技術分析。說實話，投資學的學術理論還是有點紙上談兵，要拿來操盤，反而容易陷入基本面的迷思。真正投資技巧的磨練，仍必須透過實戰經驗的累積與驗證。

只是凡事都得親身經歷，不僅耗時而且恐怕得繳不少的學費。尤其是投資這領域，老手們如果有一些致勝心得、看門法寶，一定會視為傳家之寶，自己沒賺夠前，絕不輕易示人，畢竟「江湖一點訣、說破不值錢」。生活是現實的，在零和遊戲中更是如此，所以敝帚自珍的心態並不可議。

但為何我還願意分享16年來我在投顧公司、投信公司與自營商等操盤實戰經驗呢？最重要的原因是，這幾年台灣散戶受傷情況空前慘烈、失血嚴重，證券市場結構明顯失衡，更加倒向具有資金、資訊與技巧三重優勢的法人與大戶。

我也是散戶出身，能體會那種心酸，更何況如今我能小有名氣，也是受惠於國內投資朋友的不棄，若我的經驗與心得，能幫助有心學習的投資朋友少走些冤枉路，也算是我的一種回饋。

股海無涯，惟勤是岸

另一個原因是，我每天從早上7點做功課到晚上9點，不斷吸收資訊，並歸納整理做記錄，數年來如一日。換句話說，我仍然持續在

進步，不會只用一招半式在股海中闖盪，所以我比較不擔心會因招式用老而被淘汰。

過去以來，我一直相信，持續吸收資訊，才能保有交易的敏感度，並身體力行，每日勤做記錄，除了加強印象外，也比較能注意到各種類似情況下的細微差異。

因為，只有比別人領先發覺差異，才能及早提高警覺，預先研判行情趨勢轉折的可能性，並制定各種可能的因應策略。操盤這一行，說穿了，除了比誰看的準之外，更要比誰的手腳快。

所以說，就算知道我的投資方法，如果沒有持之以恆的毅力，還是很難成功獲利。畢竟技術分析是藉由過去經驗來預判未來的，但目前大環境變化愈來愈快，即使與過去股市的技術現象雷同，後續走勢仍可能背道而馳，這表示中間隱含著你未能發現的差異。

股市像月亮，初一、十五不一樣

16年前我剛從政大企研所碩士班畢業，之前沒買過股票，也沒有任何投資經驗，是個道地的股市菜鳥。之所以會跨入證券領域，主要是因為當時股市正熱絡，聽學長說待遇較其他行業好，算是當時的熱門行業。因此，寄了幾封履歷表，大概是我的學歷還算不錯吧，不久，台育證券就通知我去上班，由於這個機緣，我的人生方向自此就與投資這一行難捨難分。

在前往台育證券擔任研究員之前的空檔期間，我特別先進入股市實際操作體驗一番。由於朋友曾在1987年10月紐約股市崩盤時大虧，因此我對第一次的投資，心態特別謹慎，小心翼翼地運用在學校學的財務理論，挑選了一檔財務結構相當好的塑膠股，但它的股

價表現卻相當遜色，儘管股市及塑膠股天天大漲，它卻文風不動、反其道而行，讓我非常沮喪。

失望之餘，我選擇退場賣出，懷著失落的心情回家。當天下午（1988/9/24），財政部為冷卻股市過熱的現象，宣布恢復課徵證券交易所得稅，股市隔日開始無量重挫以對，因此讓我很慶幸地逃過一劫。

行情就像月亮，初一、十五圓缺各有不同，更像天氣，陰晴難料。不久前，我還因眾人皆賺我獨無而倍感沮喪，不久後，則因逃過一劫而慶幸不已。

因此我得到一些警惕，在這麼短的時間內，基本面根本不會有什麼重大改變，但股市卻能出現如此重大的起伏，如果我只憑基本面選股來進行投資，根本沒辦法處理特殊情況，這樣的話不是很容易虧損受傷嗎？

靠運氣難長久，小心駛得萬年船

所謂「初生之犢不畏虎」，儘管當時缺乏經驗，在貪念作祟下，我在股市急跌至第五天出量反彈時，想趁機搶短，結果偷雞不著反而股票慘遭套牢。隨後大盤持續無量崩跌，每天成交量萎縮到只有5～6億元，股市災情慘重，一直下跌至5602低點才止跌反彈。

那時我的積蓄不多，幾乎把家當全押進去，每天看著號子裡的電視牆一片綠油油的景觀，血淋淋感受到那種傾家蕩產的氣氛。這情景令我印象十分深刻，後來操盤時，還常浮現在我腦海中，自此我對資金控制都非常謹慎。

算是天公疼憨人吧！由於我買進的標的為中小型業績股，當時大

盤指數雖只反彈至7596點，未回到宣布復徵證所稅前的8813高點，但我買進的個股卻大舉反彈，並突破我在第五天進場時的成本，讓我獲利20%。

相較於台塑股價在第五天跌至146.5元，最低跌至98.5元，但反彈只至129.5元，而聯電股價第五天跌至154元，最低跌至92元，反彈只至137。說實在，我的運氣算是很不錯。

不過，運氣雖不錯，人卻未開竅，後來投資股市仍不順利。記得1989～1990年間台股投機股當道，深受學院派洗禮的我，仍無法擺脫基本面的迷思，常買進一些所謂的中大型績優股，結果真的很「積憂」，投資報酬率很不理想。

雖然這些飆股後來都下市了，買進的人下場都是慘賠，但在投機股大漲時，我的心情真是悶到了最高點。當然，投機股最終仍會回歸基本面，事實上，那些沒本質的小型投機股，後來也真的都以重挫或下市收場。

可是在那個資金狂潮襲捲台股的年代，大量資金追逐少量的籌碼，資產股、小型投機股、甚至是封閉型基金，幾乎都是全面大漲數倍以上，我卻局限在基本面數字的考量上而動彈不得，不敢買進。這真的令我百思不解，為什麼從基本面挑選的好股票，會這麼沒有用呢？

之後，1994年塑化股因原料價格大漲而狂飆數倍，其中生產SM的台苯股價狂漲五至六倍，則是我投資股市的另外一次不同經驗。

一直到今天，我雖仍堅守不買沒本質的投機股原則，不過，從多次股市起落中，我也隱約感受到，要認真傾聽最強勢的轉機股及中小型業績成長股，所透露出的訊息。

為什麼我愈來愈重視技術分析

事實上，並非基本面無用，而是我忽略了股市的趨勢。明明中秋節大家都在圍爐烤肉，此時偏偏堅持仍要賣湯圓的老闆，怎能不愈賣愈心酸。

坦白講，1991年以前，我對技術分析的了解，是處於半知半解且半信半疑的階段。不過，步上操盤之路前幾年的不順遂經驗，更讓我意識到趨勢的重要，惟有掌握趨勢、順勢操作，才能在股市中獲取超額利潤。只是我還不能明確掌握，到底是哪些工具最能觀察股價趨勢。

1991年之後，我辭去證券公司研究員的工作，轉至研究所學長吳清吉開設的一家規模不小的投顧公司任職。當時除了想在中原大學兼任講師教職的目的外，最主要的是貪圖投顧公司上班時間的彈性空間大。

在投顧工作的1991～1994年期間，我有幸考取當時國內相當難考的證券分析師證照，並應邀在工商時報撰寫研判大盤走勢的分析稿，除了長期追蹤景氣基本面及資金面變化外，為了供稿，讓我不得不更認真研究技術分析。

在我們那個年代，真正懂技術分析的人不是很多，但有心想學的投資人卻不少，我也被投顧公司要求要開班授課。當時我為了對K線型態、價量關係及技術指標能有更深入的研究，常常窩在台北市重慶南路的書店街，尋找一些翻譯自日本及歐美的技術分析書籍，努力研讀，並找出每項技術指標的原理及其應用方式。

可以說，我花了相當多時間在研究技術分析上，奠定了我日後技

術分析的基礎功力,也讓我找到了觀察股價趨勢的最有力工具。

無師自通新價三線及牧野三角測量理論

一直到今日,能讓我有點自豪的是,我還無師自通了當時一般人較少知道的新價三線及牧野三角測量理論。

雖然早就聽聞有這兩種技術分析方法,但市場前輩們多半不願意把祕訣教給後輩晚生。恰好印證「書中自有黃金屋」這句話,我剛好在翻譯自日本的技術分析書籍中,看到這兩個方法的講解,經過幾番摸索後,目前我對這兩種技術分析方法應用的很有心得。

補充一個題外話,1995年我到京華投顧任職時,將新價三線的使用方法教授給一位同事,但沒想到,口才一流的他現在在電視上,把這個技術分析方法宣揚成了他的獨家絕技,還在電視圈中占有一席之地。

話說回來,目前股市資訊系統很方便,投資朋友在大富、精業等資訊公司看盤軟體的技術分析指標中,就可以看到新價三線,這是一個不錯的研判波段趨勢指標。至於使用方法,我在後面篇章中將會詳細說明。

說的好不如做的好,實際操盤見真章

我在投資圈的生涯,不外乎證券商研究部、投顧公司、投信公司基金經理人及證券商自營部。證券商研究部主要以產業及公司基本面研究為主,投顧公司則以解盤及給予客戶投資建議為工作重心,只有投信公司基金經理人與證券商自營部操盤手,才能手握資金,實際征戰。

可是在1996年之前，雖然我的技術分析能力已有小成，也說的一嘴好股票，不少報章雜誌也常常找我寫稿分析盤勢。但是證券分析師最令人詬病的是只會說的一口好盤，為了也能操一手好盤，我期許自己成為一個傑出的操盤人，對於一直無法掌握大部位的資金、驗證自己的功力，讓我一直深感遺憾。

也因此，儘管我在京華投顧因為技術分析功力不錯，被同事暱稱為「大師」，但我仍覺得名不副實。因為，沒有實戰功績檢驗，再強的功力也只是嘴上談兵。

所以，當我1996年有機會從京華投顧轉到京華投信（2000年10月因為被外資併購，改名為保誠投信）擔任基金經理人，展開股票操盤人生涯時，我真的十分雀躍。在此，特別要感謝現任保誠投信總經理曹幼非當時給我這個機會。

當然，為了降低部分長官對技術分析的疑慮，以及證明自己能成為傑出操盤人，不是扶不起的阿斗，我將一天中的三分之二時間投入操盤工作上，只希望能創造出好成績。因此，每天早上，我都是第一個進投信辦公室。

冷竈熱燒，事倍功半

正因為得失心重，在操盤初期，我常面臨患得患失的人性交戰關卡，經過數月調整較能適應之後，當時所負責的京華威鋒基金績效逐漸好轉。之後換手籌備台灣第一支以金融相關公司為主要投資標的的京華金融基金，該基金募集成績不錯，規模約34億元。

不過，投資大眾雖然捧場，但事事豈能盡如人意。1997年是電子股當道的時代，京華金融基金顧名思義，持股要以金融類股為大

宗,顯然並非主流基金。

儘管我費盡心思選股操作,買進元大證、寶來證及交銀等強勢金融股,且每股基金淨值最高曾達16元,獲利率達60%,獲利達10多億元,操盤半年獲利率也有47%,更何況同時期金融股指數表現是下跌的。可是,與同期電子型基金績效相較,差距仍甚多,頗有生不逢時之嘆。

雖談不上什麼成就感,但在金融股行情不振下,能集中火力買進強勢股,並達到積極獲利目標,我已頗滿意自己的成績。這更讓我確信,冷竈要熱燒才能事倍功半,操作主流股才能事半功倍。

就算是武林高手,仍要每天蹲馬步

在投信公司工作期間,我比較遺憾的是,沒辦法好好的持久操作一支基金,建立戰功。遇到的狀況不是短短數月就換基金,就是操作電子股以外的非主流基金。當時,我很羨慕有基金經理人可以操作一支基金長達五、六年以上。

不過,在投信公司研究投資部門擔任基金操盤工作,除了讓我驗證技術分析理論的實用性外,更可以深入研究總體經濟、產業趨勢及個股基本面變化,大大加深我的內力。

也從那時候起,我開始勤做操盤筆記至今,因此能很快清楚掌握總體經濟數據、產業變化以及個股營收和獲利情況,配合股價趨勢的方向判斷,這不但讓我正確預測大盤走向,對後來在自營部的操盤工作也有很大的幫助。

最近有一次上年代電視台由廖筱君小姐主持的「數字台灣」節目,有幸與今周刊發行人及財訊快報社長謝金河先生同台。在節目

中，主持人提問的任何問題，不論是總體經濟、或是兩岸經貿、重大產業等層面，老謝皆能將相關數據朗朗上口，沒有任何猶疑與模糊不清。

廣告時間我私下問了一下謝社長，「你怎麼這麼厲害，那麼多數字全都記的起來？」，謝社長則輕描淡寫地回答：「常常用就記的起來了！」

謝社長在國內投資圈稱的上是具有重大影響力的人物，工作十分繁忙，但卻能對眾多數字如數家珍。我進這行也有16年，仍然每天花數小時做筆記，就像是已練成少林七十二絕藝的老禪師，仍要每日蹲馬步練基本功一樣。

雖然現在電腦很方便，查詢資料很容易，但自己親自記錄的，印象會特別深刻，這對投資功力的累積及股價趨勢判斷，絕對是大有助益。只可惜，我所接觸的後進中對此能持之以恆者，如鳳毛麟角，或許，這是新生代操盤手績效容易大起大落的主因吧！

自營部操盤獲利表現前茅

我想每個基金操盤人都想在工作上力求表現，成績能夠名列前茅，但金融基金讓我深感綁手綁腳，當時心灰意冷的我，1999年3月再次轉換跑道，轉任菁英證券商自營部操盤人，想一吐在投信界無法好好操盤的悶氣

自營部的操作空間比基金經理人要大許多，五年多來，我在操盤的工作都很順利，當然我得承認我的運氣也相當好，每次新上任新公司的自營部時，剛好都是波段低點，因此創造了相當不錯的績效表現。

例如在菁英證券接手自營部操盤時，剛好是5422點的波段起漲位置，本來公司虧損頗重，但我認為底部就在這了，於是我大膽採取重兵策略，押注當時盤面主流台積電、日月光、矽品、台化、遠紡等權值股，以7～8億元左右資金進場，在三至四個月間獲利4億元，使菁英自營部由虧轉盈。

2001年美國發生911災難事件發生，恰好發生在我由統一投顧轉調統一證券自營部操盤的前一天，在長官指導及自營小組群策群力下，果斷決定採取大盤下跌時一路加碼、以及重押強勢主流面板股的策略，此招奏效，並使2001年第四季統一證券自營部獲利約6億元，在上櫃券商中表現名列前茅。

2003年2月我轉至康和證券自營部工作，之後再次創下將自營部轉虧為盈的績效。

2003年年底，我預測2004年總統大選前指數可上看7000點，因此集中火力，在2004年第一季主攻金融股、航運、面板及DRAM等強勢類股，創造不錯的績效表現，第二季在大盤反轉向下之前大幅減碼，一直到8月初都維持很低持股，避開大盤主跌段修正波，保住2004年獲利成果，再次驗證我對股價趨勢的判斷及操盤能力。

帶衰老鼠死的快，心態歸零才能再出發

其實，在康和證券自營部時，剛開始並沒那麼順利！還有個小故事也讓我感觸頗多。

由於接手後發現自營商持有的股票，多半虧損超過20%，其中許多傳產股呈現無量大跌，有的科技股更虧損60～70%。當時面臨要賣又怕賣到低檔、不賣但每月報表虧損數字愈來愈大的退進兩難困

境，這個燙手山芋讓我有陷入泥沼的感覺。

結果大盤自2003年5月起漲，6月分我對已落後的績效開始緊張，為了擺脫泥沼，我在內部會議中發表一篇題為「帶衰老鼠死的快」的報告。告訴大家最差狀況就是如此，不要再為舊有持股部位煩惱，我會陸續處理掉不適合的投資標的，轉進TFT、DRAM等市場主流類股。還好康和證券集團董事長鄭世華十分支持，表示過去的就過去了，勉勵大家重新出發，一切從7月分開始計算。

7月初我們一天就大買4、5億元，超越許多大型證券商，成為當日買超的前兩名，許多同行友人還打電話問我是得到什麼利多消息？其實只是認為多頭行情還沒完，趕緊把之前漏建的部位補起來罷了。還好行情如我們所料，2003年年底結算康和證券自營部轉虧為盈，還倒賺9000多萬元。

康和證券自營部2004年上半年最多曾賺到2.56億元，康和股價也一度大漲，有記者朋友跟我說，許多投資人是衝著廖繼弘才進場的。我不敢這麼膨風居功，因為這真的不是一個人的功勞，康和證券集團在董事長鄭世華進行一連串改革及組織重整，積極引進優秀人才後，整體營運績效明顯提升，才是股價上漲主因。

事實上，領導人的作風對於操盤手影響很大，鄭董事長對我十分信任，給我很大的空間，千里馬也要遇到伯樂才能日跑千里，這點也是我想提醒投資圈新秀，除了高薪之外，長官的領導風格，也是挑選這行環境時需要注意的重點。

掌握景氣趨勢遠比注意基本面細節重要

寫了一大堆個人工作經歷，主要是想要告訴讀者，自己學習研究

技術分析的歷程與心得。雖不敢自豪說自己在技術分析方面的功力有多行，不過，經過這麼多年來不斷實際操盤經驗的測試，我有相當深刻的體會，我想告訴投資朋友，只要運用得當，技術分析真的是很有用的投資獲利工具。

很多研究基本面的人常會忽略技術線型的意義，尤其是經驗不足的研究員，常常在基本面已至高檔未轉差、但股價趨勢開始轉弱時，仍持續看好；或是在基本面未轉好、但技術線型卻已率先築底反彈時，依然看壞。我認為，掌握景氣趨勢變化遠比注意一些基本面細節重要，而股價趨勢正可以給我們比較明確的方向。

事實上，股價趨勢是具有領先性的。因為知道基本面變化的先知先覺者，早已進場買進或賣出退場。我們即使當個後知後覺者，從股價趨勢及價量變化，也可趕搭主升段行情或避開主跌段走勢。

只是一般人往往在股價從低檔打底上漲後，才會發覺利多漸浮現；在股價盤頭開始下跌後，才發覺利空接踵而至，然而，等到題材表面化時再進出已來不及了。

因此，懂得掌握股價的趨勢，在多頭市場的突破起漲點時進場，以及在空頭市場的跌破起跌點時出場，雖然無法買在最低點、賣在最高點，但已握有大波段行情的獲利機會。

掌握多空趨勢大方向才是重點

個人花了很多時間研究及實際操作體驗後，我認為在研究技術線型上，最重要的是去掌握多空趨勢的轉變、多空趨勢轉變力量有多強（例如是長多、長空格局，或只是中多、中空格局）、物極必反的道理、以及進出場的策略。

因此,我較不在意短線的波動,掌握大方向才是重點。至於K線型態、移動平均線、價量結構、以及各種技術指標表現,都是幫我們去掌握趨勢轉變及強弱的工具。

在這本書中,我的重點在於用什麼方法去判別趨勢變化及多空力道強弱、如何掌握買賣點、常用且有用的技術指標有哪些、如何判別重大利多或利空消息衝擊、如何跟隨法人進出、籌碼面分析、如何選股、強勢主流股操作策略等,都是我實際運用過且有效的投資工具,希望能提供投資朋友一些操作上的參考。

📚 本章摘要

◎技術分析是藉由過去的經驗來預判未來,但目前大環境變化愈來愈快,即使與過去股市的技術現象雷同,後續走勢仍可能背道而馳,這表示中間隱含著你未能發現的差異。

◎由於步上操盤之路前幾年的不順遂經驗,更讓我意識到趨勢的重要,惟有掌握趨勢、順勢操作,才能獲取超額利潤。

◎我仍然堅守不買進沒本質的投機股原則,也因此掌握到買進最強勢的轉機股及中小型業績成長股的概念。

◎操作京華金融基金經驗讓我深深體會,冷竈要熱燒,事倍功半,操作主流股才能事半功倍。

◎每日勤做操盤筆記,使我能很快清楚掌握總體經濟數據、產業變化以及個股營收和獲利情況,配合股價趨勢的方向判斷,不但讓我正確預測大盤走向,對後來在自營部的操盤工作也有很大的幫助。

◎我認為在研究技術線型上,最重要的是去掌握多空趨勢的轉變、多空趨勢轉變力量有多強、物極必反的道理、以及進出場的策略。我較不在意短線的波動,掌握大方向才是重點。

第2章 進場前的準備

股市　如同一場多空戰爭，投資人要進入戰場，自然要有充分的準備，尤其台灣股市自2000年高點10393點反轉下跌，修正三年多後，能夠存活於股市的投資人，應該都有兩把刷子。

加上外資在台灣股市扮演舉足輕重的角色，你的對手已不是一般的菜籃族，而是專業訓練有素的法人及精明的投資人，只有準備的愈充足，勝算才會愈大。

錢進股市先看六大方向

進場前，首先要了解股市多空大環境，就個人實務操作而言，建議投資人「錢」進股市，應從下列六個大方向研判上著手：

(1) 基本面：全球、美國以及台灣經濟的景氣表現，包括經濟成長率多少、國際油價波動情況、產業景氣、上市上櫃公司的獲利成長性、股市本益比、股市總市值占GDP的比值、股市整體股價淨值比是否合理等。

名詞解釋

本益比
本益比（Price-Earnings Ratio），英文簡稱P/E或PER，計算公式為每股市價／每股盈餘（EPS），為一家公司某一時點股價相對於年度每股獲利的比值。
低本益比，代表可以用較低的價格買到股票，也就是可用較低的代價買進獲利機會；高本益比，則代表用更高的股價去獲取相同的股利。因此，在股市下跌時，高本益比的股票跌價空間可能更大，投資風險相對較高。
本益比合理與否則須視比較結果，一般常與大盤整體本益比、類股本益比、以及個股的歷史本益比作比較。

名詞解釋

股價淨值比

股價淨值比（Price-Book Ratio），英文簡稱P/B或PBR，計算公式為每股市價／每股淨值，也就是一家公司在某一時點的股價，相對於最近一季季底每股淨值的比值。

當市價高於每股淨值，比值大於1，當股價低於每股淨值，比值小於1。如在股價淨值比低於1時買進股票，則代表在該公司價值打折時進場撿到便宜貨。

（2）資金面：美國Fed貨幣政策動向、台灣央行貨幣政策、M1B貨幣供給成長率、外資匯出入、活存及證券劃撥存款增減幅度等。

（3）政策面：政府政策心態、兩岸關係以及朝野政黨互動等。

（4）法人動態：包括外資買賣超、大股東多空心態、國內壽險公司、銀行投資股市情況、投信及自營商持股比例等。其中，外資持有台股市值已達總市值的22％，其多空態度對台股漲跌影響性大。

（5）國際股市：歐美股市及亞洲股市表現，特別是和台灣電子業連動性高的NASDAQ指數及費城半導體指數表現。

（6）技術面：包括中長期均線趨勢變化、月及週的技術指標是呈現買進或賣出訊號、是否出現高檔強勢鈍化或低檔弱勢鈍化、技術指標表現強弱度等。

如果投資人審視上述六項因素都是正面的，當然要積極進場買進，反之則要退場觀望。要分析這六項因素，看似很複雜，其實並不難，只要用心閱讀專業報紙、勤做筆記，自然可掌握方向。外資、投信、綜合證券商等也常常有這方面的報告，投資人可參考。

頂級操盤手的一天

以台灣股市大約整理一年至一年半左右，大都會出現一波中長期

多頭走勢，即使是在空頭修正格局中，也會出現中級反彈走勢，每年至少有一波行情。

只要掌握總體基本面因素，再輔以技術線型多頭趨勢研判，應該不難掌握波段獲利的機會。問題是，平時若沒做功課，行情一旦啟動，你抓的到時間點嗎？

事實上，能在股市中長期屹立不搖的長青樹，絕非一招半式闖江湖之輩，而都是持之以恆的用功者。前面提到的謝社長（謝金河），除了因為身在財訊集團的訊息資源外，他本身持續大量的閱讀，才讓他能用宏觀的角度，領先看出產業發展趨勢。

以我為例，自京華投信當基金經理人起，就要求自己勤做功課，迄今近八年，仍兢兢業業保持下去。我每天做的功課其實很簡單，都是透過看盤軟體、財經網站、報章雜誌等一般散戶都取得到的資料，只是我做功課的時間極長，從早上7點到晚上9點半，恐怕不是每個人每天都能做到的。以下提供個人盤後功課供大家參考。

PM 2:00～5:00　5大基本動作

1.即時新聞回顧

重新回顧一遍從股市開盤到收盤，看盤軟體及財經網站（智富網、鉅亨網、精業及MoneyDJ）所有即時新聞。

注意重點包括上市上櫃公司公告事項，及營收、獲利、財務預測、股息、股票股利相關訊息，還有可轉換公司債、公司債發行等發行計畫，以及三大法人買賣超情況。

將手中投資的股票，以及指標股與具有投資潛力公司的重要資訊，另外記錄下來。

2.美股、韓股觀察

美股與韓股畢竟是牽動台股的重要市場，了解美股與韓股的漲跌原因，分析技術線型，掌握股價趨勢，以及台股與這兩個股市間的相對強弱勢，算是基本功課之一。

就韓股參考性來看，南韓政治經濟及產業環境和台灣相近，同時是外資在亞洲市場的投資重心，因此南韓股市強弱可作為台股參考指標。

另一方面，美國費城半導體指數強弱，以及該指數主要成分股獲利情況、對未來景氣看法，對台灣電子股，尤其是半導體股漲跌影響頗大。

至於英特爾、惠普、戴爾、IBM等國際大廠股價及獲利，相對影響台灣系統廠商及零組件廠商如華碩、仁寶、廣達、鴻海、台達電等；觀察台灣手機及手機零組件個股等，則須看摩托羅拉、諾基亞（Nokia），網通股則看思科，DRAM股看美光。

智霖及NVIDIA等國際IC設計大廠則相對影響聯電、台積電、以及聯電、友達及台積電ADR的表現等，也就是可從這些國際大廠的業績及股價強弱，作為判斷對台股主要電子股的影響。

3.重要國際新聞

利率、匯率與油價，對全球經濟有重大影響，如果有經濟學人、世界銀行等權威機構的觀點、美國Fed主席葛林斯班的談話，或是股神華倫·巴菲特的看法，我會特別記錄下來。

4.外資分析師看法

每個星期一的報紙，常會有一些外資公司對未來一週盤勢的看法。此外，偶爾也會有重量級的外資分析師對產業前景發表觀點。

特別是台灣是全球半導體產業重鎮。所以像花旗美邦證券亞太地區半導體首席分析師陸行之等重量級分析師的看法，以及分析師對上市上櫃公司調升、調降評等造成股價的影響，都是我注意的重點。只是分析師看壞，股價未必就會跌，我只是當作未來風向球的參考。

5.所有個股技術線型瀏覽

我每天會花一個多小時，針對上市公司的股票從代號1101起，將每檔個股的日K線圖，快速瀏覽一遍。不過，遇到技術線型剛轉強的，我就會再去看週線、週KD值及月線、月KD值有沒有持續強勢的條件。當然，手中持股及明天準備要進場的股票，也會如此另眼看待。

PM 6:00　查詢DRAM現貨報價

此時我會固定查詢DRAM現貨報價，建議投資人可至財經網站鉅亨網（www.cnyes.com.tw）查詢，進入鉅亨網首頁後，在其頭條新聞的下方，選擇「金融」，再點選「商品期貨」，可以看到在左邊第三個欄目即可看到各種規格的DRAM報價，再點選如256M DDR256，即可看到歷史走勢圖。

PM 8:00～9:00　觀察融資融券結構

當日即觀察大盤的融資融券變化，以及資券變化前30名的公司。

PM 9:00　三大法人買賣超分析

觀察外資、投信及自營商的買賣超狀況，以及三大法人買賣超前30名的公司。籌碼面的觀察要點就是誰在買進？誰在賣出？並且搭配當日不久前出爐的資券結構，進一步分析觀察。

例如早期外資大買台積電時，融資反而減少，顯示籌碼穩定，加上外資積極買超，當然成為我的投資買進標的。再如2004年4至6月時，日月光、京元電等封測類股大跌，但法人調節，融資反而大增，此時就要趕快調節賣出封測股。

AM 7:00　美股收盤狀況

　　我通常都是6點半出門，7點左右到公司，上鉅亨網看昨晚美股收盤狀況，以及漲哪些公司？跌哪些公司？並會上BigCharts網站（www.bigcharts. com）看看美股的線型。日韓股市比台股早開盤，我也會了解它們的開盤狀況。

AM 7:30　閱覽專業報紙

　　看完當天所有專業報紙如財訊快報、經濟日報、工商時報及電子時報等重要政經、產業及個股訊息後，先召開公司內部的小型投資會議，做好進場前的準備。

【註：廖繼弘做功課的詳細項目內容，請參考書末附錄2】

　　如果像我這種在股市打滾16年的人，都還必需每天花這麼長的時間做功課，才勉強獲得一些成績，對於沒時間或是沒耐心做功課的投資散戶來說，要在股市中成為贏家是何其不易。

📚 本章摘要

◎台灣大約一年至一年半左右，會出現一波中長期多頭走勢，即使是空頭格局中，也會出現中級反彈走勢。

◎每天我對股市所做的功課時間極長，從早上9點到晚上9點半，內容包括即時新聞回顧、美股及韓股觀察、重要國際新聞、外資分析師看法、所有個股技術線型瀏覽、查詢DRAM現貨報價、觀察融資融券結構、三大法人買賣超、美股收盤狀況等。

◎在掌握國際股市走勢方面，應了解美股與韓股漲跌原因，分析技術線型，掌握相關股價趨勢，以及台股與這兩個股市間的相對強弱勢。

第3章 我的三場經典戰役

自 1999年至2004年，我分別在菁英證券、統一證券及康和證券擔任自營部主管，負責操盤工作，細數這幾年來的操盤績效還不錯。而之所以會有這樣的成績，最重要的是，我在1999年轉換跑道至證券公司的自營商操盤時，自己已設定了一些進場條件及操作原則。

致勝之道在順勢調整操作策略

在進場條件方面，首先是大盤跌深和中期均線乖離要夠大，例如大盤指數和月線的負乖離須達10%以上，和季線的負乖離達15%以上，因為大盤跌深本身就是利多，如果有實質利多激勵更好。

其次，則須掌握在股市基本環境轉好，中期或中長期均線轉為多頭，中期或中長期均量回升，週指標或月指標出現買進訊號時的進場時機。

在操作原則上，首重在中期或中長期買進訊號出現時，快速進場建立部位，集中買進盤面主流強勢股（可能是權值股、轉機股或業績股），希望透過較有系統的分析方法和操作原則，爭取最好的績效表現。

累積這些年來的操作心得發現，股市較大的獲利機會有兩種情況，首先是「危機就是轉機」的買點，其次是在多頭趨勢形成時的買點。一旦出現買點就應積極做多，進場集中買進強勢轉機股或業績股，把握獲利機會。此外，由於股市環境變動愈來愈快，要如何保持彈性，順勢調整操作策略，才是致勝之道。

菁英證券時期初試身手

1999年3月1日，我應菁英證券總經理謝劍平邀約至菁英證券自營部工作。當年2月農曆年前，台股深受新巨群跳票、國產車違約交割、央票跳票、中企（目前已改制為台中銀行）及順大裕違約交割等地雷股風暴衝擊，指數從1998年11月21日的7488高點，一路下滑至1999年2月5日的5422低點。

為振興股市，央行在當年農曆年過後調降存款準備率，政府並將金融保險證券業營業稅降為2%，台股在跌深及重大實質利多激勵下，止跌反彈。1999年4月1日政府更調高整體外資上限至50%，在外資積極買超下，台股指數於4月21日上漲至7706點始遇壓整理，整理5週左右再攻堅，7月3日進一步上漲至8710點。

憶及當時，謝總經理在我到任前已先將自營部原虧損部位停損殺出，讓我可以沒有包袱地操盤，實在很感謝謝總經理替我著想，不過我還是要面對之前自營部鉅額虧損的事實，以及指數已從5422點上漲至2月底的6318點，錯失逢低布局金融股的機會。

當年2月中旬，我在經濟日報發表中期底部形成，將展開中期反彈看法，當時我預測2月上旬的5422點就是低點。

一位過去在京華投信（後改名為保誠投信）的部屬那時曾打電話問我，為何5422點是低點？他認為大盤會下跌至4500點，我的解釋是5422低點已和月線的負乖離達到10.9%，和季線的負乖離更達18%，已符合中期跌深反彈條件。

而且如同我在第6章中介紹的軌道線（詳見P76），5422低點剛好也落在月線型態上，由9337高點及7488高點所形成的下跌軌道支撐上（詳見P46）。

那時融資餘額減肥約27.5%，和指數跌幅27.6%相當，浮額獲得有效沉澱，而且外資早在1998年10月就開始一路買超，台股股價淨值比降至2左右，為近年來低點。

抓到行情，快速並集中加碼主流股

不管從技術面、籌碼面、基本面及外資多空態度來看，都支持我對5422點是低點的看法。當然，央行降息及政府降稅的利多則是引爆中期反彈行情的關鍵因素。因為調降金融營業稅是過去從來未見到，且是突發性的利多，一定可以產生相當大的激勵作用。

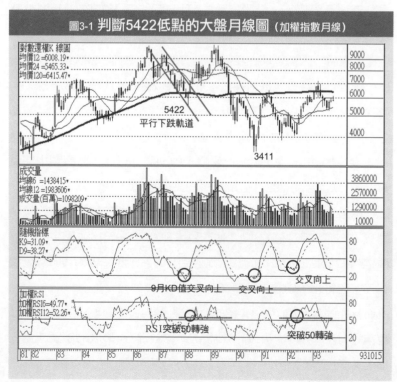

圖3-1 判斷5422低點的大盤月線圖（加權指數月線）

技術線型提供：大富資訊

而且，我慣用的中長期指標9月KD值在1999年3月交叉向上，月線、季線及半年線形成多頭排列格局，成交量回升，加上後來政府調高整體外資投資上限至50%的大利多，因此我判斷股市反彈走勢將相當強勁，而外資買盤是推升台股主要動力。

因此，除了買進金融權值股外，更鎖定MSCI主要成分股，如台積電、聯電、日月光、矽品、遠紡及台化等，全力買進，波段持有，持股部位達7至8億元，約是公司授權自營商可投資部位的七成至八成。

截至1999年6月底，該自營商淨值約增加4億元。在1999年2月至6月底，因為我的操盤策略奏效，該自營商投資報酬率約達50％，同時期大盤指數漲幅34％，也因而彌補了前兩月的虧損，並轉虧為盈。初試身手，我採取快速且集中加碼強勢的MSCI權值股策略，繳出亮麗的成績單。

統一證券時期績效受矚目

2001年911災難事件前，我原本在統一投顧公司擔任執行副總經理，負責投顧公司研究及籌備代客操作業務；911災難事件後，我轉至統一證券擔任自營部副總經理。那年，公司業績很不理想，自營部至9月底也面臨虧損壓力，當時統一證券總經理高樹煌為提振獲利，責成自營部組成一個自營特戰小組，全力衝刺第四季獲利。

在統一證券副董事長林寬成指導下，經過無數次的投資會議，仔細的沙盤推演，當時決定在大盤指數跌破4000點後，每下跌100點就加碼1億元。理由是預期大盤指數上漲的空間比下跌空間大。當時我們評估低點位置約在3500點，因此大膽逢低加碼買進，此舉相

當受到同業矚目。

後來，大盤在3411低點止跌反彈，也因自營部獲利挹注，統一證券10月分當月（2001年10月）獲利躍居上櫃證券商第一名。

賣得太早，及時回頭搶補股票

以技術面來看，當時大盤指數觸及3411低點，和月線的負乖離為17％，和季線的負乖離更高達21.7％，這是台股有史以來相當少見的負乖離，而且台股股價淨值比降至1.22倍，創下新低，我因此預估，大盤至少會出現跌深反彈行情，買進風險不高。

我原本只預估此波為跌深反彈行情，當大盤反彈至4000點上下時，由於已經逼近當時走低的季線反壓，因此我開始進行獲利了結動作。

不過，大盤表現遠較我原先預期強勢，指數在遇到季線反壓拉回整理過後，又攻上季線，9月KD值也出現交叉向上的買進訊號，月線及季線呈現黃金交叉，成交量穩定回升。眼見多頭氣勢如虹，我趕緊快速回補股票。

當時自營商同業大都是在突破4000點後開始加碼買進，雖然我一度錯估行情，但在及時調整操盤策略後，全力再加碼電子龍頭股及面板相關強勢股下，統一證券自營商在2001年第四季淨值約增加近6億元，投資報酬率至少有三至四成，獲利表現出色，順利達成高總經理交付的任務。

回顧我在統一證券自營商工作時期，之所以能有發揮空間，主要歸功於當時高總經理及林副董事長都相當授權，給我們一個很好的操盤環境。

高總經理那年在公司高雄尾牙宴中突然病發，在我們面前不幸辭世，不僅震驚證券同業，也讓我相當惋惜及感嘆。林副董事長是高爾夫球的PRO（職業級水準），同時也是操盤的PRO，常有獨特的看法，給我很多照顧及操盤上的指導，我非常感謝他。

轉任康和證券，看準2004年首季行情

後來，我在2003年2月中旬後轉至康和證券自營部工作，2003年底，我在公司的年度法說會上報告有關2004年行情分析預測部分，同時也在報章雜誌發表我對2004年行情的看法。

我的結論是，中長多格局持續，年度指數上看7500點，第一個高點會出現在總統大選前，高點約在7000點左右，第二個高點約在2004年第二季至第三季間。而事實印證，總統大選前預測的高點雖有落差，但方向大致吻合。當時我就是以下列六項因素推估：

（1）全球景氣加速復甦：主要預測機構預估全球及美國2004年經濟成長率可達4.5％，台灣可達5％以上，樂觀上看6％，金融、鋼

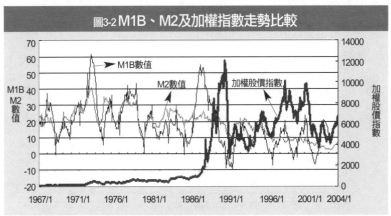

圖3-2 M1B、M2及加權指數走勢比較

資料來源：康和證券整理

鐵、航運及電子等產業景氣看好，上市公司預估獲利成長20％至30％，股市本益比、股價淨值比、股市總市值占GDP比值都位於合理的水準。

（2）資金情勢寬鬆：美Fed在通膨壓力不大及就業水準不佳下，預估最快2004年夏天才會升息，台灣央行維持寬鬆貨幣政策，M1B年增率上升，活存及股市劃撥存款增加，台幣升值可能使外幣存款解約，外資在台幣升值及MSCI逐漸調升台股權重下，將持續匯入（詳見圖3-2）。

（3）政策面偏多：總統大選下政局可能動盪，但以2000年首次政黨輪替，大盤指數在當年總統大選前，波段漲幅達23％，朝野選情又呈現五五波態勢來看，政策在選前應是偏多，至於兩岸關係在選後才有較明朗發展，選前有利股市上漲。

（4）外資2003年買超台股5490億元，創歷史最高紀錄：外資近年來在元月都大幅買超台股，預估外資2004年會持續買超台股，國內

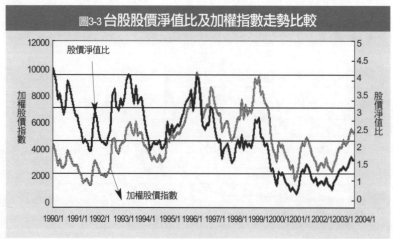

圖3-3 台股股價淨值比及加權指數走勢比較

資料來源：康和證券整理

壽險公司、銀行、投信及自營商等法人將積極做多。

(5)美股呈現多頭趨勢：道瓊及NASDAQ指數年線及兩年線等中長期均線，呈現多頭架構，月指標出現多頭訊號。NASDAQ指數一直沿著上升趨勢軌道上漲，從歷史經驗來看，美股在美國總統大選年經常上漲以對，美股可望帶動全球股市上揚。

(6)台股技術線型呈現多頭趨勢：台股年線及兩年線呈現黃金交叉，月指標也出現少見的強勢現象，依過去台股幾次出現如此強勢表現經驗來看，股市可望持續上漲。

在分析出上述六項利多下，我推估台股中長線持續看好。至於高點預測，則以2000年總統大選前高點股市總市值占GDP比值達1.5倍（過去股市歷史高點時也是1.5倍左右），股價淨值比上升至2.2至2.5倍（1998年前台股股價淨值比低檔約在2.2至2.5倍），如上升至2.2倍目標值為7000點，上升至2.5倍則為8000點，取其中間值，來推估指數合理高點約在7500點左右（詳見圖3-3及3-4）。

2004年首季操作積極做多，獲利斐然

我綜合各項因素，推測台股2004年走勢，除了基本面看好外，年線及兩年線出現黃金交叉，月指標9月KD值出現1997年以來少見的強勢，12月RSI突破50向上攀升，顯示大盤上漲格局應是較為強勢的。

這些技術訊號給我很大的信心，因為我深信，趨勢的形成很不容易，一旦形成，就不會輕易扭轉改變，在強烈看好2004年元月及第一季行情下，我採取積極做多的操作策略，集中押注航運、面板及DRAM等強勢類股，繳出不錯的成績單。

圖3-4 股市總市值占GDP比值走勢

資料來源：康和證券整理

　　至於總統大選前高點7000點，是以2003年7月以來週線對數K線圖上的高點連線壓力推測。由於其是上升趨勢，高點壓力會漸上移，事實上，總統大選前，大盤指數高點7135點，也剛好是在此一高點連線壓力上。

　　第二個高點原本預估會落在由2002年10月3845低點上漲以來第21個月費氏級數前後，大約是在2004年第二季至第三季間，剛好接近我們預估的台灣第11次景氣循環高點2004年9月分。不過，總統大選後的政經大環境變化，以及技術面出現中長期調整訊號，短期大盤要再突破7135點，出現今年第二個高點，實不容易。

選後趨勢改變，改採少量操作策略

　　總統大選後，台股除了總統大選結果引發朝野爭議的利空外，又面臨兩岸關係緊繃、中國大陸實施宏觀調控為經濟降溫、美Fed可

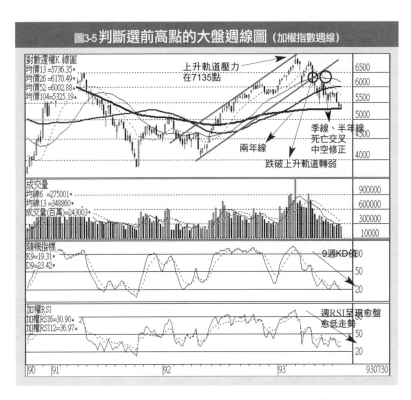

圖3-5 **判斷選前高點的大盤週線圖**（加權指數週線）

能提前升息、國際油價大漲、外資大幅賣超等利空衝擊，使得大盤跌破年線支撐，9月KD值也交叉向下跌破80，中長期多頭趨勢開始面臨考驗。

由於過去只要9月KD值呈現向下修正趨勢，台股通常會進入較長時間的整理走勢，我對台股趨勢看法在2004年4月下旬做了修正，對於大盤指數能否再攻7135點高點，則持保留看法。一切必須觀察上述大環境因素能否轉趨正面，以及技術面的修正情況而定。

由於受到大環境及政治面因素影響，台股走勢不如原先預期，技術面出現中空修正走勢，我在操作策略上也做了調整，在2004年4

月下旬開始大幅減碼因應，將持股部位由10至12億元減碼至4至5億元，後來更減至1億元左右。

自營部的獲利雖從4月中旬的2.56億元縮水至6月的的1.5至1.6億元左右，但一直至8月初都保有此一獲利水準，相較2004年以來，大盤至8月初的5300點約下跌10%，成績應是不錯的。

中期買進訊號出現，再積極進場

因為世界上所有的預測都很難百分之百正確，然而股價趨勢則是最真實的方向，因此有必要調整投資策略，以因應大盤變化，等大環境好轉，週技術指標修正至低檔轉折向上、成交量放大時，再進場積極操作。

事實上台股在總統大選後，反彈至4月中旬，出現6916高點後，開始反轉向下，進行中空修正走勢。雖5月中旬一度由5450低點反彈至5月底的6137高點，但並未出現中期買進訊號，直到8月中下旬才出現中期買進訊號。

因此，我在股價趨勢剛轉為中空走勢時出場，採取少量操作個股策略，耐心等待中期買進訊號出現，再積極進場，才能掌握波段利潤，並確保戰果。

📚 本章摘要

◎多年來操盤心得發現，致勝之道就是要把握「危機就是轉機」的買點，在多頭趨勢形成時積極做多，進場集中買進強勢轉機股或業績股獲利，同時必須保持彈性，順勢調整操作策略。

◎菁英證券時期,初試身手,當時我看準突發性重大利多,從技術面、籌碼面、基本面及外資多空態度等評估5422點是波段低點,抓住行情,並採取快速且集中加碼強勢的MSCI權值股策略,繳出亮麗的成績單。

◎統一證券時期,遇到大盤表現遠較我原先預期強勢時,眼見大盤指數在遇到季線反壓拉回整理過後,又攻上季線,9月KD值也出現交叉向上的買進訊號,月線及季線呈現黃金交叉,成交量穩定回升。多頭氣勢如虹,於是我趕緊快速回補股票,獲利表現出色,並深深體驗順勢調整策略的重要性。

◎趨勢的形成很不容易,一旦形成,就不會輕易扭轉改變。世界上所有的預測都很難百分之百正確,然而股價趨勢則是最真實的方向,因此有必要調整投資策略,以因應大盤變化。

◎在股價趨勢剛轉為中空走勢時出場,採取少量操作個股策略,耐心等待中期買進訊號出現,再積極進場,才能掌握波段利潤,並確保戰果。

第4章 股票操作的十大守則

基於近16年來研究及實戰操盤的經驗一再驗證，我發現股票操作有一些恆常不變的原則，以下匯整我個人的十大操盤守則與投資人分享。

1.充分準備再進場

只有充分的準備才有信念，事實上，我發現進場前仔細分析預測後，擬定策略往往是最對的，反而沒有準備在盤中隨便改變策略，成績大都不理想。

在我早期較無實際操盤經驗時期（擔任自營商操盤人及投信公司基金經理人之前），當時進出股市之前，雖很用功做了很多進出前的準備功課，但往往會受到盤面變化影響，而改變原來訂定的進出策略，或是不敢追高搶進一線強勢股，轉而買進二線股，等待補漲行情，然而這些經驗最後也都被證實成績大都不理想。

在投顧公司工作時期，令我印象非常深刻的是，有位客戶總是非常認真，在晚上做了很多有關股市的功課，當時雖已做出賣出持股結論，但到了白天至股市看盤現場，卻常常受到當天利多消息或市場氣氛影響，結果非但沒有賣出，反而加碼套牢，事後證明原先的看法才是正確的，但為時已晚。

因此建議你，在充分準備後，一旦進場，切記要執行原定之進出計畫，才能在股市中穩健獲利，畢竟再準確的分析及詳盡規劃的策略，如果沒有加以執行，一切都是空談。還有不要隨便隨大盤盤勢

變化而起舞,更改策略,很可能讓你到頭來一場空。

2.找出一套自己的操作準則

不管你的投資工具是基本分析或技術分析,一定要建立自己的一套操作準則,因為這樣才能進退有據。投資股票如果沒有自己的方法,則會流於人云亦云的結果,容易受到消息面影響而隨波逐流,當然不會有好的成績。

在早期我也常常有迷失方向的經驗,也就是當股價已出現轉多買進訊號時,由於基本面消息還很差,造成我心理障礙,不敢買進,然而等到基本面出現好轉消息,由於這時股價已上漲一段,我更不敢買進。這樣的心理掙扎,我在下跌過程時也同樣遭遇過,以致於錯失賣點而套牢,動彈不得。

後來,我建立了自己的簡單進出原則,就是在基本面仍混沌未明、但技術面卻出現中期或中長期買進訊號、籌碼面結構理想時準備進場。

因為股價趨勢是領先的,如基本面持續強化,就更加堅定我加碼的信心。反之,如技術面出現中期或中長期賣出訊號、籌碼面結構轉差時,我就會準備退場;如基本面有惡化的現象,我就會加速減碼退出。

3.多頭趨勢形成時勇敢進場,積極做多

不管你是中期或長期操作者,在中長期均線轉為多頭、均量回升、週及月指標又出現買進訊號時,要積極進場做多。

2003年2月中旬後,我轉換到康和證券自營部工作,由於公司原

先有不少套牢部位,加上SARS疫情影響,使我操作態度轉趨保守。5月下旬,當時9週KD值出現買進訊號,5月底,9月KD值也交叉向上,週均量開始回升,月線轉折向上助漲,季線也漸走平向上,但我卻不敢買進,白白錯失進場良機。一直到了7月,我才大力買進面板及DRAM股,扭轉劣勢。

除了心態改變外,9週KD值在7月分出現高檔鈍化的強勢表現,因此我判斷大盤將由中多轉為中長多格局,於是我才敢勇於追價買進。這個經驗可以看出,大盤的中期或中長期股價趨勢轉多,需要累積一段時間調整,一旦轉多也可持續一段時間,我們在操作時,應順勢調整,積極做多。

4.把握危機入市機會

股市常會因重大利空衝擊而受重創,但危機同時也是轉機,當大盤指數下跌修正,和中期均線達一定的負乖離時,至少會出現跌深反彈行情,此時進場,通常有不錯的收獲。

2001年9月,美國發生911恐怖攻擊災難事件,全球股市全面重挫,台股也跌破4000點,當時我剛轉至統一證券自營部,由於大盤指數和月線負乖離已達10%以上,我們開始進場買進,一路往下買,指數至3411低點時,和季線的負乖離更達20%以上,這是相當大的乖離,依過去經驗至少會出現跌深反彈行情,後來指數快速反彈,我們獲得相當不錯的報酬。

另一次經驗則是在2004年總統大選後,股市因總統選舉爭議大跌,當時我的持股部位頗高,但指數下跌至6020點,和月線的負乖離達10%以上,我判斷股市可望跌深反彈,因此我並未追殺持股。

後來大盤果然也快速反彈至6900點。我們除了逢高減碼外，並採取換股操作因應，自營部位淨值反較選前7135高點時高。

5.買進最強勢股票

只要剔除沒本質的股票，在每次波段漲勢中，應買進剛開始表現最強勢的個股，尤其是產業或業績有轉機的個股，以及中小型業績成長股。

我的選股方法一向是買進具業績或轉機題材的強勢股，如2003年7月的面板及DRAM股、下半年的航運股、金融股，以及2004年初的面板及DRAM股，主要的依據是類股已形成主流族群、成交活絡、股價上升角度陡、9日KD值或9週KD值出現高檔強勢鈍化、股價延著10日線上漲等強勢訊號出現。

6.在低檔時大膽加碼

過去，投資專家告訴我們，要採取「金字塔型」的操作策略。然而在股市反彈初期，大多數人大都會半信半疑，採取少量買進態度，等到上漲一段後，才恍然大悟，大力加碼。

也就是，大多數人採取的是「倒金字塔型」操作，結果是賠錢的速度是賺錢時的倍數。因為只要遇到股市小幅回檔，不少投資人不是面臨馬上由盈轉虧的局面，就是累積數月的獲利，在一至二週的回檔走勢中，賠個精光。

過去我也常犯這種錯誤，低檔小買，高檔大買。因為一般人常常有追高殺低通病，我也不例外，低檔時雖獲利率很好，但持股卻很少，高檔持股大增，只要小跌一段，獲利全數吐出。

但後來我漸漸修正這種錯誤的操作方式，在強烈買進訊號出現時，快速建立五至六成持股，再隨勢調整加減碼或採換股操作方式，不在行情最熱時大幅加碼，遇到中期指標於高檔轉弱、成交量萎縮時，減碼因應，這也是為什麼近幾年來我的操作方式能確保戰果的原因。

7.集中押注

投資組合要精簡，最好是維持三至五檔個股，最多不超過10檔。只要選到了強勢股，要擊敗大盤並不困難。

有的投資人買了幾十檔個股，那和買指數及基金差異不大，分散持股就是分散獲利。雖然說不要把雞蛋放在同一個籃子上，但放在太多籃子，實在不好照顧，這樣不如買進台灣50基金或是開放型基金，交給專家去費心即可。

過去我在投顧公司工作時，最常在診斷客戶的投資組合時，發現很多人持股高達40至50檔，有的更高達100檔以上，這樣實在很難照顧所有的股票，往往是隨勢沉浮，管理效率及投資報酬率必然很不理想。

現在股市環境變化很快，投資朋友調整的速度也要加快，只有精簡投資組合，才能掌握持股基本面及技術面的變化，提高管理效率及投資報酬率。

8.設定好目標價

買進的個股先設定目標價，不管是用本益比、股價淨值比或是技術線型來衡量，一定要做好停利準備，並且確實執行。切記！千萬

不要接近目標價時又起貪念，把目標價往上加。

我一直認為貪婪及恐懼是我們買賣股票最大的敵人，早期我常會因聽消息而錯失最佳的獲利時點，例如A股票我原本設定獲利點為100元，但卻聽朋友說要漲到120元而未賣出，結果事與願違，非但沒再上漲反而下跌，愈跌心理愈不甘心，最後只能保本賣出。

過去在自營商操作時，我常在TFT產業有轉機時大力買進面板股，面板龍頭股股價滿足點，過去約在股價淨值比達2.5倍至3倍間，我通常將目標價設在2.5倍，但股價淨值比反彈至2.5倍時，在貪念作祟下，又期待股價淨值比反彈至3倍，錯失了最佳賣點。

再如熱門且強勢的中大型股，股價上漲後的獲利調節點，我會設在日K線或週K線的上升軌道上限，但有時候漲到了上限，我又期待它會突破上限，讓我獲利更多。但以我的經驗而言，股價要突破一個穩定的上升軌道再大漲實不容易，後來我漸漸修正這種毛病，留點空間給別人賺，反而可以賣到高點。

9.要勇於停損

當基本面出現變化，股價趨勢反轉向下，股價跌破重要支撐時，一定要及時停損。賣股票比買股票困難很多，有人說「會賣股票才是師傅」。

船要沉了時，要趕快跳船逃生，不要祈禱奇蹟出現。如果趨勢反轉向下、或出現反彈逃命波時，這時如不壯士斷腕停損，則很可能會在下跌至最低檔時絕望賣出，虧損反而更加擴大。

1990年台股從12682高點崩盤大跌，指數跌到6000點時，我有個私交很好的高中同學，認為股價已修正差不多了，將現股賣出轉為

融資買進，試圖翻本，結果指數後來跌至2485點，他則遭慘融資斷頭，血本無歸。

1995年前的我個人操作部分，常有未設停損而大賠，最後認賠在最低點的經驗，內心真是痛到了極點。

2003年2月中旬，我到康和證券自營部，台股已在4875點以上形成頭部反轉下跌，下跌的速度非常快，雖然原先部位不是我建立的，但我卻受限於很多個股已大幅虧損，未能當機立斷停損賣出，最後愈套愈深，使得自己操作裹足不前，無法把握SARS危機影響下跌後的買進時點，7月前績效表現很不理想。

不過，2004年以來，我特別要求加強自己要依股價趨勢果斷進出，4月底台股跌破月線及季線支撐時快速大幅減碼，確保部分戰果。在我的操作經驗中，股價下跌的速度遠比上漲速度快很多，如未能及時減碼或停損，很難保持戰果。

不斷學習、檢討改進

很多理論都是知易行難，買賣股票道理很簡單，說穿了就是「逢低買進、逢高賣出」，問題是「什麼是低、什麼又是高」呢？

兩年多前，我剛學打高爾夫球，在練習場時自覺還蠻有天分的，然而實際上場卻發覺很難打。因為練習場是靜態的，較無心理壓力，高爾夫球場卻是動態的，球道可能不平坦，有池塘、樹林、沙坑等許多障礙物，又有很多人等在後面看，上場時心理壓力很大。

高爾夫球練習場所學的，真正上了球場，可能發揮不了50%，因此一定要常練習，多上場培養實際經驗，才能慢慢打好。操作股票何嘗不是同樣的道理，研究了半天，紙上模擬競賽的成績可能不

錯，但實際進場操作的成績卻不一定好。

然而透過不斷地操作、檢討修正，找出一套操作準則或方法，就會將賠錢的機率降低，賺錢的機率升高。

我剛入股市工作時的一個同事（現在是我的好朋友），他常說「賺錢算什麼，學到東西最重要」，他後來成為一位很成功的自營商操盤人、名列前茅的基金經理人以及傑出的代操工作者。

因此，當你透過交易不斷學習累積經驗，整理出一套適合自己的投資方法及策略，自然可征服股海，創造獲利。現在回想起他當年的話，真的很有道理。

本章摘要

◎進場前仔細分析預測後，擬定策略往往是最對的。

◎當大盤指數下跌修正，和中期均線達一定的負乖離時，至少會出現跌深反彈行情。

◎在中長期均線轉為多頭、均量回升、週及月指標又出現買進訊號時，要積極進場做多；當基本面出現變化，股價趨勢反轉向下，股價跌破重要支撐時，一定要堅定地及時停損。

◎買進最強勢股票，尤其是產業或業績有轉機的個股及中小型業績成長股。

◎投資組合要精簡，最好是維持三至五檔個股，最多不要超過10檔，分散持股就是分散獲利。

◎賣股票比買股票困難很多，會賣股票才是師傅。千萬不要接近目標價時又起貪念，把目標價往上加。

常用技術指標解析

Part 2

第5章 K線—股價多空消長指標

K線 又稱陰陽線、蠟燭線，相傳是由日本米市商人記載行情價格波動發展而來，是國內投資人最常使用的圖形。

K線是由當日（週或月）的大盤或個股股價波動，即利用開盤價、最高價、最低價及收盤價等四種價格來描繪股價每日（週或月）多空雙方力量的消長情況。日K線持續一段時間後，會形成K線型態，我們可根據K線型態來判斷股價未來多空走向。

K線的畫法

K線的畫法，可分為美式及日式畫法。前者為美國線，它忽略了開盤價，只用最高價、最低價及收盤價來描繪當日的走勢。後者則為日本K線，我們利用上述四種價格來描繪當日的走勢，如收盤價高於開盤價則為陽線（收紅），收盤價低於開盤價則是陰線（收黑），收盤價低於最高價則留上影線，收盤價高於最低價則留下影線，隨著當日價格波動情況，可描繪出相當多不同類型的K線。

圖5-1 K線畫法圖例

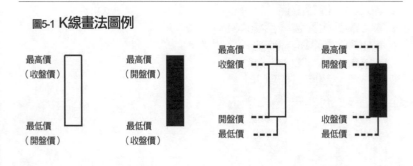

K線的主要類型

（1）陽線：收盤價較開盤價高，代表多方的力量比較強。如開盤價為最低價，股價上漲收最高價，則K線是實體長陽線，表示多方大勝。

（2）陰線：收盤價較開盤價低，代表空方的力量比較強，如開盤價為最高價，股價下跌收最低價，則K線為實體長黑線，表示空方大勝。

（3）一字線：開盤價、最高價、最低價及收盤價都是同一價位，即漲停板（多方力量極強）、跌停板（空方力量極強）。

（4）十字線：開盤價和收盤價相同，最高價距離收盤價和最低價距離收盤價的差價相同，代表多空勢均力敵。十字線又有「轉機線」之稱，如出現在低檔，有變盤向上的可能，如出現在高檔，則有變盤向下的可能。

（5）如開盤價、收盤價、最高價、最低價有所不同，則會出現上影線、下影線的情況。上影線愈長，對多方愈不利，下影線愈長，對空方愈不利。其種類包括帶上影線、下影線的陽線或陰線、只帶上影線或下影線的陽線或陰線、T字線或倒T字線，各種不同的K線對多空力道有不同的詮釋。

基本上，從上述開盤價、收盤價、最高價、最低價的情況，可整理出18種K線型態（詳見圖5-2），代表各種不同的多空力道變化。如以十字線代表多空勢均力敵，則漲停板代

圖5-2 18種K線種類圖示

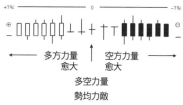

表多方力量最強，跌停板代表空方力量最強。

多日K線型態

每日描繪K線，經過數日，漸形成不同的K線型態。在資訊的解讀上，連續幾天的K線軌跡，自然會比單一K線更具分析意義。

在上漲型態方面，計有三陽線型、緩步上升型、上升階段型、跛腳型、上升抵抗型、中陰型、上升中繼型、跳空上升型等；下跌型態方面，計有三陰線型、緩步下跌型、下跌階段型、跛腳型、下跌抵抗型、下跌中繼型、跳空下跌型等。

(1) 三陽線型

所謂連拉三陽線，散戶不請自來，代表多頭氣勢很強，有可能拉出第四或第五根陽線。如三日都是中長紅，則短線可能出現漲多整理後再漲。實際上，收等幅三條陽線情況不多，可能第一根較長，第二、三根較短；或第一、二根較短，第三根較長。

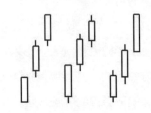

圖5-3a 日K線型態：三陽線型

(2) 緩步上升型

第一根中長紅線後數日收小紅線，才再拉出一根中紅線，雖不如連拉三陽線的型態強勢，但仍是多方較居優勢的穩

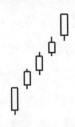

圖5-3b 日K線型態：緩步上升型

定上漲型態。

（3）上升階段型

陽線上漲力道漸緩，K線連續多日留較長上影線及下影線，上檔有調節賣壓，低檔也有承接買盤。如在上漲一段後出現此型態，則逢高調節，反之，在下跌一段後出現，則可逢低買進。

眼尖的讀者應能發現，這與前述三陽線似乎大同小異，沒錯，雖然也是三根紅棒，但由於次日開盤價都較前一日收盤價為低，甚至是前根K線的一半位置，多方氣勢自然不如次日開盤在前一日收盤價附近、甚至之上的三陽線。

（4）跛腳型

相較上升階段型的每日收盤價皆高於前一日收盤價，跛腳型第三日收盤價已低於前一日收盤價，多方氣勢轉弱。而長上影線顯示上檔賣壓沉重，有可能形成高價區反轉。

（5）上升抵抗型

和緩步上升型類似，只是中間有一、二根小黑線，洗盤後再拉出

圖5-3c **日K線型態：上升階段型**

圖5-3d **日K線型態：跛腳型**

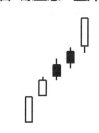

圖5-3e **日K線型態：上升抵抗型**

中長紅線，漲勢更為強勁，空
方抵抗不敵多方強勢，股價可
望持續上漲。

(6)中陰型

在連拉二根陽線後，卻未如
三陽線型拉出第三根陽線，反
而因賣壓轉重而出現陰線，第
四根再拉出陽線，強度不如三
陽線型，但第四根陽線高點已
超越第三根陰線高點，仍為多
方強勢型態。

(7)上升中繼型

在多根陽線中夾雜著小黑線
整理，再拉出中紅線上漲，其
特性為黑線的最低價均未跌破
陽線的開盤價，且黑線的波動
幅度並不大，這種K線類型為
上漲過程中的盤檔整理，但整
理時間不長。

(8)跳空上升型

圖5-3f 日K線型態：中陰型

圖5-3g 日K線型態：上升中繼型

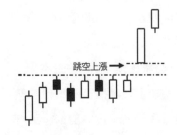

圖5-3h 日K線型態：跳空上升型

跳空上漲 ➡

股價經過一段盤檔整理沈澱
籌碼，主力洗盤後強力拉升，或是出現突發性大利多，使得股價跳
空上漲拉中長紅突破盤整，展開漲勢，宜追價搶進。這是台股經常
出現的型態，投資人不妨多留意。

圖5-3i 日K線型態：三陰線型

圖5-3j 日K線型態：緩步下跌型

圖5-3k 日K線型態：下跌階段型

圖5-3l 日K線型態：跛腳型

　　在陰線型態方面，基本上和陽線型態剛好對稱相反。如下跌抵抗型，就是在下跌過程中，日K線收中長黑線後出現一、二根小紅線，但反彈乏力後又收中黑線，多方反抗不敵空方摜壓。

　　其他如三陰線型、緩步下跌型、下跌階段型、跛腳型、中陽型、下跌中繼型、跳空下跌型等，投資人可參考陽線型態，以相反的操作方式因應。

K線型態出現在不同位置，解讀不同

　　其實K線的型態可說是千變萬化，很難找出完全相同的型態。個人較重視的是，當股價突破壓力或整理型態時，是以何種方式突

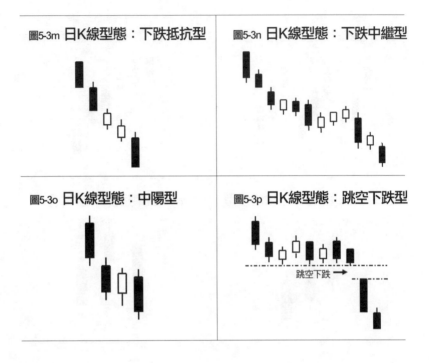

破,如以跳空或中長紅突破,則屬有效突破,要積極追價買進;如以小紅或小黑線方式突破,則力量不強。

K線型態出現在什麼位置,如上漲初期、或上漲途中、及大漲一段後,解讀各有不同。單一K線在高價圈及低價圈的解讀也不同,例如長上影線出現在高價圈,為較不利多方的K線,但出現在低價圈時,則表示多方力道漸轉強。

相同地,長下影線出現在低價圈,代表低檔多方買盤強勁,股價可望止跌反彈,但長下影線出現在高價圈,則意謂雖下檔多方買盤頗強,但空方向下摜壓力道漸強。

三陽線型出現在上漲初期,為明顯轉強訊號,在大漲一段後,則

可能是買力耗盡的賣點；三陰線出現在高檔是反轉訊號，但出現在跌勢末期，則是加速趕底訊號，可能是賣力耗盡的買點。

📚 本章摘要

◎K線是由當日（週或月）的大盤或個股股價波動，即利用開盤價、最高價、最低價及收盤價等四種價格來描繪股價每日（週或月）多空雙方力量的消長情況。

◎K線的主要型態有陽線、陰線、一字線、十字線、上影線、下影線。

◎多日K線型態在上漲型態方面，包括三陽線型、緩步上升型、上升階段型、跛腳型、上升抵抗型、中陰型、上升中繼型、跳空上升型等；下跌型態方面，如三陰線型、緩步下跌型、下跌階段型、跛腳型、下跌抵抗型、下跌中繼型、跳空下跌型等。

◎如在上漲一段後，出現上升階段型的日K線型態，則建議可逢高調節，反之，在下跌一段後出現，則建議可逢低買進。

◎如遇跳空上升型的日K線型態，宜追價搶進。這是台股經常出現的型態，投資人不妨多留意。

◎個人較重視的是，當股價突破壓力或整理型態時，是以何種方式突破。如以跳空或中長紅突破，則屬有效突破，要積極追價買進；如以小紅或小黑線方式突破，則力量不強。

第6章 趨勢線——辨識趨勢的常用工具

趨勢線 為沿著股價指數或一種股票圖形正常波動走勢中，每一波動的高點及低點連線。上升趨勢線是沿著各波動的低點，下降趨勢線是沿著各波動的高點。當一條趨勢線時間長達數月之久，為中長期趨勢線；較短的時間形成的趨勢線，則是短期趨勢線。

讀者最好注意，大盤4000點上漲5％，是漲200點；但在8000點位置上漲5％則是400點，換句話說，漲幅相同，K線的長度卻大不同。因此，畫趨勢線時，最好採用「半對數」修正後的技術線圖，才能使指數高低檔位置不同、但漲跌幅相同的K線，有相同的長度，不致被高檔區間過長的K線所誤導。

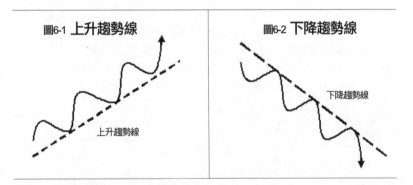

圖6-1 **上升趨勢線**　　　　圖6-2 **下降趨勢線**

上升趨勢線　　　　下降趨勢線

就趨勢線的有效性來看，趨勢線形成的時間愈久愈有效，因此月線圖及週線圖比日線圖更可靠；連接的點愈多愈有效；角度較平緩（45度）的有效性較高，太陡峭的角度可能會拉回跌破，以修正過

陡的角度。

趨勢線的運用及操作原則

在趨勢線的運用以及操作原則方面，僅提供以下三點作為投資人參考：

(1) 跌破有效性較高的上升趨勢線支撐時，先減碼一半，反彈不上趨勢線再減碼。

(2) 突破下降趨勢線時，當大盤處於跌勢，初期反彈突破下降趨勢線通常是假突破，可逢高減碼；但若以帶量中長紅線突破，則有效性較高可買進，較穩健方式可待突破拉回測試守穩時再買進。

(3) 當指數以極陡俏角度突破下降趨勢線時，其力量較強；角度若較平緩且以小紅突破，則力道較弱；反之指數若以高角度急挫跌破上升趨勢線，則走勢明顯轉弱。

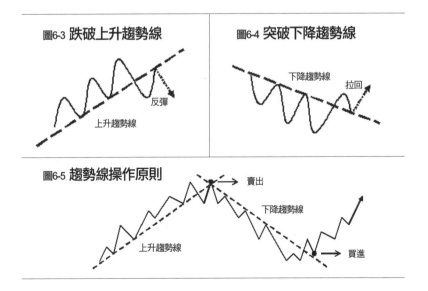

圖6-3 **跌破上升趨勢線**

反彈

上升趨勢線

圖6-4 **突破下降趨勢線**

下降趨勢線

拉回

圖6-5 **趨勢線操作原則**

賣出

下降趨勢線

上升趨勢線

買進

由軌道線找支撐壓力

在兩條平行的上升線與下降線之間所形成的範圍可稱為軌道,可分為上升軌道與下降軌道。股價一般會在此一軌道範圍內波動,當然下降軌道突破後,可能轉為上升軌道。

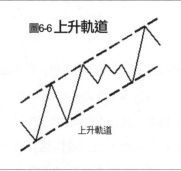

圖6-6 **上升軌道**

上升軌道

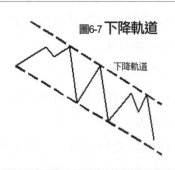

圖6-7 **下降軌道**

下降軌道

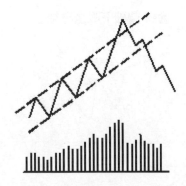

圖6-8 **股價跌破上升軌道**

股價原本延著上升軌道穩健上漲,但在上漲一段後出現急漲噴出走勢,股價突破上升軌道上限,由於成交量大增,可能有買力耗盡之虞。

在我的實際操作經驗上,股價脫離穩定的上升軌道後,大都會修正回軌道內,只要守住上升趨勢,則無礙上升趨勢,如出現圖6-8中爆大量拉回跌破上升趨勢支撐,就要小心行情反轉。

股價原本延著下降軌道下跌，但在下跌一段後出現恐慌性急跌走勢，股價跌破下降軌道下限，由於成交量大增，可能有賣力耗盡之虞，有實力的買家已開始承接。

在實際操作經驗上，股價脫離一形成時間較久的下跌軌道後，大都會修正回軌道內，如在低檔出大量可留意買點，一旦轉強突破下降趨勢反壓，就可能反轉向上。

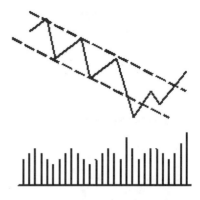

圖6-9 **股價跌破下降軌道**

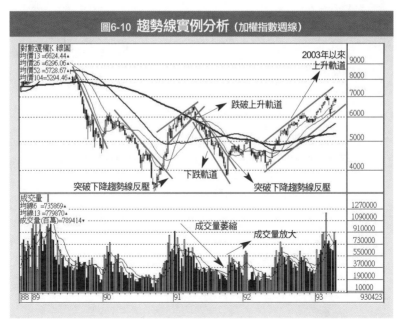

圖6-10 **趨勢線實例分析**（加權指數週線）

技術線型提供：大富資訊

077

　　當一條上升趨勢形成時，藉由反彈高點畫出平行上升軌道，就可找到下次股價反彈壓力的位置。反之，在一條下降趨勢線形成之時，藉由下跌低點畫出平行下降軌道，也可找出股價下次拉回的支撐位置。

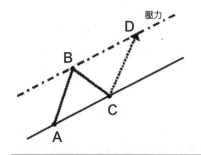

圖6-11 由軌道線找壓力

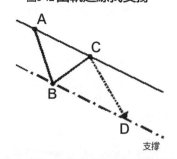

圖6-12 由軌道線找支撐

 本章摘要

　◎趨勢線為沿著股價指數或一種股票圖形正常波動走勢中，每一波動的高點及低點連線。

　◎趨勢線形成的時間愈久愈有效，連接的點愈多愈有效；角度較平緩（45度）的有效性較高。

　◎日K線以帶量中長紅線突破下降趨勢線，可待突破拉回測試守穩時買進。

　◎在實際操作經驗上，股價脫離穩定的上升軌道後，大都會修正回軌道內，只要守住上升趨勢，則無礙上升趨勢，惟如出現爆大量拉回跌破上升趨勢支撐，就要小心反轉。

　◎當一條上升趨勢形成時，藉由反彈高點畫出平行上升軌道，就可找到下次股價反彈壓力位置；反之，可找出支撐位置。

第7章 K線的圖形型態

<big>**K線圖**</big>形除了趨勢線的運用外，從歷史走勢中還可歸納出許多種圖形型態，大約有反轉型態（頭部及底部型態）及整理型態。由於趨勢的反轉需要時間，反轉型態形成的時間愈久，對趨勢研判也就愈重要。

大規模的反轉型態形成後，股價將出現較大幅度的上漲或下跌；較小規模的型態形成後，股價波動較小。在型態確認上有兩個研判重點：當股價向上突破頸線反壓，需有大量且能突破頸線價位3%以上；但股價向下跌破頸線價位達3%以上，不需有大量就可確認反轉。

反轉型態

（1）頭肩頂

這是一種常見的反轉型態，在所有的反轉型態中，它是相當可靠的反轉型態，一旦較大規模的頭肩頂型態確認形成，股價跌破頸線後將重跌。

a.左肩：較大幅度且強勁的上漲至頂點，伴隨著大成交量，接著是短期的回檔，成交量萎縮，較頂點時明顯縮小。

b.頭部：另外一次的上漲，股價突破左肩高點，但成交量未能放大超過左肩時的成交量，表示市場追價意願不強，股價突破左肩高點後拉回，成交量萎縮，股價跌破左肩高點，代表走勢明顯轉弱，股價下滑至左肩低點始止跌反彈。

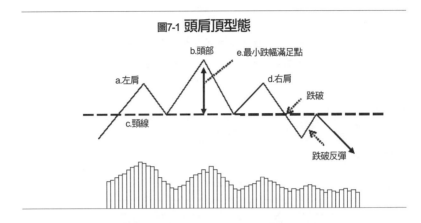

圖7-1 **頭肩頂型態**

　　c.頸線：為左肩及頭部的低點連結而成，是右肩拉回重要支撐點，如向下跌破頸線，則頭肩頂型態形成機率大增。

　　d.右肩：股價再次反彈，高點較頭部高點低，可能較左肩高點高或低，反彈時成交量無法放大，較左肩及頭部的成交量少，股價反彈乏力後再次拉回，股價跌破頸線達3％，即確認頭肩頂型態完成，而且跌破頸線不需大成交量即確認。

　　e.頭肩頂型態形成後，股價最小跌幅滿足點為頭部高點至頸線距離，股價跌破頸線3％，無法彈上時，宜減碼因應。

　　其他頭肩頂型態如下：

圖7-1a **傾斜型頭肩頂**	圖7-1b **複合型頭肩頂**	圖7-1c **失敗的頭肩頂**
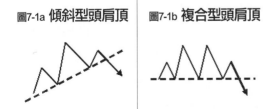		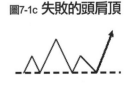

(2) 頭肩底

相對頭肩頂型態，這也是一種常見的反轉型態，是相當可靠的底部反轉型態，一旦較大規模的頭肩底型態確認形成，股價帶量有效突破頸線後將大漲。

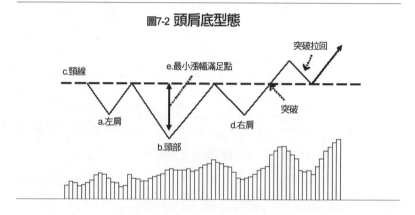

圖7-2 頭肩底型態

a.左肩：經一段恐慌性下跌後，成交量開始明顯增加，接著止跌反彈，但成交量比低點時更少。

b.頭部：另外一次下跌探底，股價跌破左肩低點，但成交量較左肩時增加，低檔承接買盤漸強，接著反彈突破左肩低點，成交量更為增加，反彈至左肩高點時再度遇壓拉回。

c.頸線：為左肩及底部的高點連結而成，是右肩反彈的壓力點，如能向上突破頸線則頭肩底形成機率大增。

d.右肩：再次拉回，成交量較左肩及頭部少，低點未跌破頭部低點，可能較左肩低點高。

e.最後大盤止跌回升，成交量明顯增加，通常伴隨著大成交量突破頸線價位3％以上，則可確認頭肩底型態形成，股價最小漲幅滿

足點為頭部至頸線間距離,一旦確認,宜買進。

其他頭肩底型態如下:

圖7-2a 傾斜型頭肩底

圖7-2b 複合型頭肩底

圖7-2c 失敗的頭肩底

(3) M頭及W底

M頭又稱為雙重頂,由兩個高點及一個回落的低點所組成,第二個反彈高點的成交量遠低於第一個高點,一旦跌破頸線3%,即完成M頭型態。

W底又稱為雙重底,由兩個低點及一個反彈高點所組成,第二個拉回低點成交量遠低於第一個低點,但需帶量突破頸線3%,才算完成W底型態。

(4) 三重頂及三重底

三重頂較M頭多了第三個高點,頭部規模較大,一旦跌破頸線3%完成型態,向下反轉的力道則較M頭強勁。

圖7-3a M頭

圖7-3b W底

圖7-4 三重頂

三重底較W底多了第三個低點，
底部規模較大，如一旦帶量突破頸
線3％完成型態，向上反彈力道較W
底強勁。

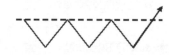

圖7-5 **三重底**

（5）V型反轉

V型反轉大都在一段急跌後，因出現突發性利多激勵，反轉急漲
而上，或是在一段急漲後，主力大量出貨或受突發性利空衝擊，反
轉急跌而下。

圖7-5a **V型反轉向上**

圖7-5b **V型反轉向下**

（6）圓形頂及圓形底

圓形頂通常以一個較長的、平台
型態出現在高價圈，需要好幾個月
來完成型態，成交量較不規則，整
體呈現萎縮且有價量背離現象，一
旦向下跌破低點連線支撐，即完成
型態。

反轉力道則視形成的時間及規模
而定，較常出現在大型股以及高價
股上。

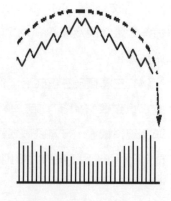

圖7-6a **圓形頂**

圓形底通常以一個較長的、平底的型態出現在低價圈，需要好幾個月來完成型態，整體成交量呈現萎縮現象，一旦帶量向上突破反壓，即完成型態。反轉力道則視形成的時間及規模而定，較常出現在低價股上。

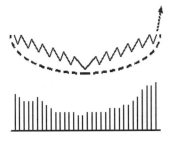

圖7-6b 圓形底

(7) 潛伏底

潛伏底為圓形底的變形，是圓形底的延伸，且為較極端的例子，反轉向上的力道較圓形底強勁，通常出現在大型股、低價股上。

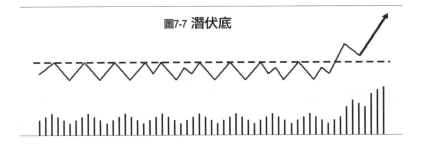

圖7-7 潛伏底

(8) 上升及下降楔形

上升楔形為三角形的一種，但為反轉型態，由五個三小波走勢所組成，通常出現在上升走勢的第5小波走勢中，呈現量縮且價量背離現象，一旦向下跌破上升趨勢線支撐即完成型態，伴隨而來的是急跌的

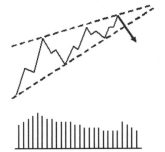

圖7-8a 上升楔形

走勢。

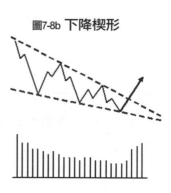

圖7-8b **下降楔形**

下降楔形通常會出現在下跌走勢
的第5小波走勢中，呈現下跌量縮的
現象，一旦帶量向上突破下降趨勢
線的反壓，即完成型態，隨後急漲
而上。

整理型態

相對反轉型態的價量結構明顯配合，整理型態由於方向不明，容
易出現成交量萎縮及價量背離現象。

（1）三角形整理：又稱「迷惑的三角形」，表示短期趨勢不明，
易陷入多空操作兩難情況，最好觀望，等整理後趨勢明顯再動作，
以免追高殺低。

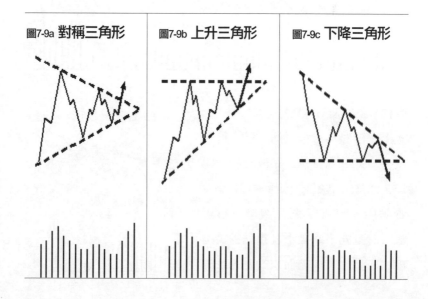

圖7-9a **對稱三角形**　　圖7-9b **上升三角形**　　圖7-9c **下降三角形**

（2）旗形整理：為一段沉悶的盤整走勢型態，成交量逐漸萎縮，最後被相當陡峭且垂直的上升或下跌走勢突破，當旗形完成後，股價將朝著原來的趨勢前進。

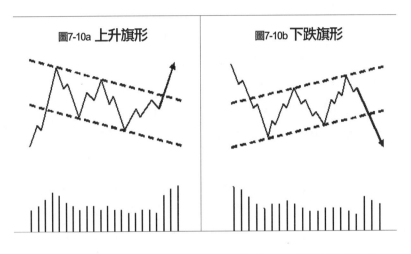

圖7-10a 上升旗形　　**圖7-10b 下跌旗形**

（3）矩型整理：即平台整理，在上漲走勢中出現矩型整理，代表多頭氣勢強勁；反之，在下跌走勢中出現矩型整理，則代表空頭氣勢強勁。

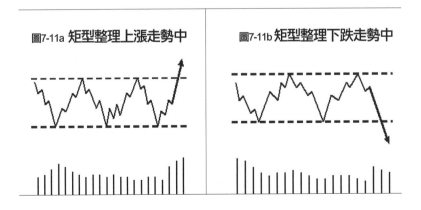

圖7-11a 矩型整理上漲走勢中　　**圖7-11b 矩型整理下跌走勢中**

跳空缺口

在常態股價走勢中，多頭市場可能呈現大漲小回或震盪盤堅走勢，次日股價波動和前一日股價範圍有部分重疊，股價逐漸攀高；空頭市場中，股價呈現大跌小漲或盤跌走低，股價逐漸下滑，當有突發性利多或利空消息出現，或基本面有重大變動時，股價會呈現跳空大漲或大跌走勢。

在K線型態中出現跳空缺口，如三日未回補跳空缺口，表示漲勢或跌勢力道較強勁。跳空缺口在操作上較有意義的為：

（1）突破缺口：在頭部型態及底部型態中，當型態即將完成時，股價向上跳空突破或向下跳空跌破頸線，代表股價多空趨勢明朗化，隨之會出現強勁上漲及重挫走勢，此種跳空缺口為突破缺口。要注意的是，向上突破必須成交量放大，向下突破則不須伴隨大成交量，通常會經過較長時間才會回檔回補缺口。而且突破缺口為表態攻擊的訊號，通常需要有相當幅度才有足夠突破證據力。

（2）逃逸缺口：此種缺口通常出現在漲勢快速的直線上漲或直線下跌行情中，缺口如未很快回補，就會保持一段時間不被回補，直到出現相反的中期或長期趨勢變動時，才會回補缺口。此類缺口，因為常出現在前次突破與該波段行情終點的中間點，又被稱為「測量缺口」。

（3）竭盡缺口：通常出現在一段飆漲行情中，投資人失去理性瘋狂買進，特別是在K線型態中第三個以後的跳空缺口，需提防多方易有買力耗盡現象，股價有可能會自高檔反轉向下；反之，在恐慌性下跌行情尾聲，投資人不計成本瘋狂殺出，空方易有賣力耗盡現象，股價將自低檔反轉向上。

島狀反轉

股價大漲或大跌一段末期，出現跳空飆漲或恐慌下跌，但隨後可能因突發性利空或利多消息影響，而跳空大跌或大漲，在K線型態上形成一孤島，一旦跳空缺口未回補，代表大盤將出現強勁的反轉走勢，即島狀反轉。例如台股在2001年美國911災難事件衝擊下，重跌至3411低點，在當年10月初，就出現島狀反轉走勢，一路震盪走堅。

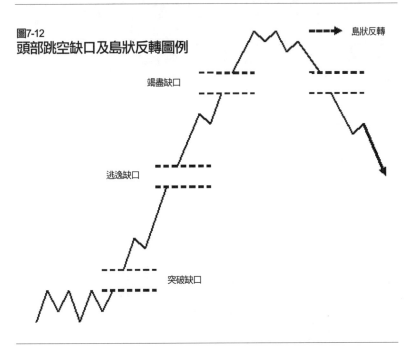

圖7-12
頭部跳空缺口及島狀反轉圖例

島狀反轉

竭盡缺口

逃逸缺口

突破缺口

圖7-13 加權指數週K線型態與價量關係分析圖

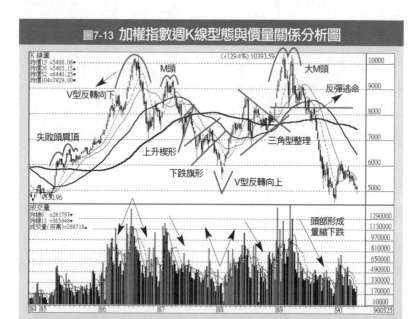

圖7-14 加權指數日K線型態與價量關係分析圖

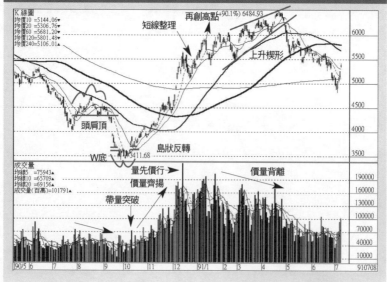

技術線型提供：大富資訊

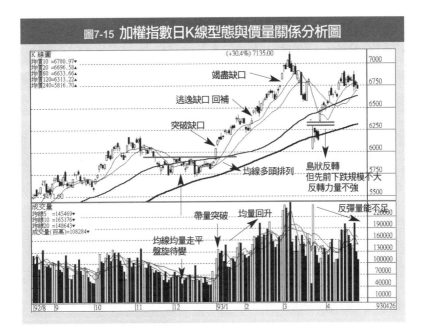

圖7-15 加權指數日K線型態與價量關係分析圖

本章摘要

◎型態大約分為反轉型態及整理型態兩種。在型態確認上有兩個研判重點,當股價向上突破頸線反壓,需有大量且能突破頸線價位3%以上,但股價向下跌破頸線價位達3%以上,不需有大量也確認反轉。

◎最著名也最值得信賴的反轉型態是頭肩頂及頭肩底,一旦頭肩頂型態確認,股價跌破頸線3%,無法彈上時,即宜減碼;反之,頭肩底型態確認形成後,則宜買進。

◎整理型態由於方向不明,容易出現成交量萎縮及價量背離現象,又可分為三角形整理、旗形整理、矩形整理等等。其中,三角形整理最好觀望,等整理後趨勢明顯再動作,以免追高殺低。

◎在K線型態中出現跳空缺口,如三日未回補跳空缺口,表示漲勢或跌勢力道較強勁。

第8章 移動平均線—平均持股成本

每日收盤價為當日多空交戰的結果,可看出短多或短空優勢,但要判斷股價多空趨勢,則要看移動平均線的方向。在某一段時間內的平均價,代表這段期間投資人的持股成本,亦是多空雙方暫時平衡點。

當股價在移動平均線之上,表示多頭強勢;反之,股價落在移動平均線之下,則表示空方強勢,因此,從移動平均線中可確認趨勢的轉變,藉以判斷大盤的走向。

推算移動平均線

在個人實務操作經驗上,移動平均線為判斷多空趨勢相當重要且實用的工具。移動平均線可用算術平均數以及指數平滑移動平均數

(1) 簡單算術平均數

MA 簡單平均數 $= (C_1 + C_2 + C_3 + \cdots + C_n) \div N$

C_n:第 n 日收盤價

N:移動平均數日期

(2) 指數平滑移動平均數

$\text{EMA}_t = \text{EMA}_{t\text{-}1} \times (N - 1) \div N + C_t \times 1 \div N$

意即 $\text{EMA}_5 = \text{EMA}_4 \times 4 \div 5 + C_5 \times 1 \div 5$

推算：

移動平均線的種類

移動平均線依時間長短，可分為短期、中期及長期移動平均線。實務上，短期為10日以下的移動平均線，中期則是介於20日的月線至60日的季線移動平均線，長期則是半年線以上的移動平均線。

(1) 短期移動平均線

❶3日線：起伏大，易扭曲，難尋軌跡。

❷5日線：可與週線相互印證，強勢股拉回的第一買點。

❸10日線：確實反應短期股價平均成本，為短期回整的重要支撐，為指數整理的第一買點。

(2) 中期移動平均線

❶20日線：即月線，普遍使用，個人在實務操作上判斷中期走勢時最常使用的均線。

❷60日線：即季線，樣本大小適中，波動幅度平滑，有軌跡可尋，轉折點明顯有效。我們通常以季來觀察景氣變化，上市櫃公司公布季報對股價影響大。

(3) 長期移動平均線

❶120日：半年線。

❷240日：年線，其軌道更為平滑，偏差度相對降低，為多空市場分界點。年線上揚，股價在年線之上為多頭市場；年線反轉向下，股價在年線之下為空頭市場。

在週線上，則看6週均線（20日線）、13週均線（60日線）、26週均線線（120日線）、52週均線（240日線），更長期的均線為104週

線均線（兩年線）、260週均線（五年線）。月線上則看12月均線（年線）、24月均線（兩年線）、60月均線（五年線）、120月均線（十年線）。

(4)以月線來看多空市場強弱度

❶超強勢多頭市場

股價上升途中經強勢平台整理，平均線走平後，隨即加速上升，展開另一波漲勢。

❷普通強勢多頭市場

股價上升一段後，經較長時間回檔，平均線走平，向下彎曲，形成蓋頭反壓，但股價整理後，買盤再度介入，股價回升創新高價，平均線再轉為上揚助漲走勢，展開另一波行情。

❸超弱勢空頭市場

股價下跌一段，平均線向右下方加速下滑，股價雖出現跌深反彈走勢，但反彈乏力，平均線走平後，又轉折向下加速下跌。

❹普通弱勢空頭市場

股價下跌一段後，經較長時

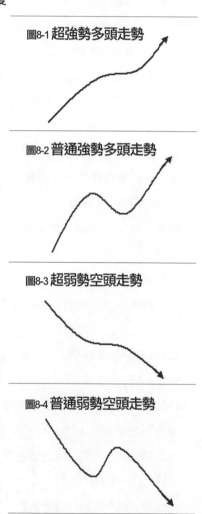

圖8-1 **超強勢多頭走勢**

圖8-2 **普通強勢多頭走勢**

圖8-3 **超弱勢空頭走勢**

圖8-4 **普通弱勢空頭走勢**

間反彈，平均線走平轉折向上助漲，但賣壓湧現，再度向下摜壓，股價拉回跌破低點，平均線再度反轉向下。

❺盤檔走勢

股價呈現混沌走勢，平均線方向不明，整理後如向上突破，形成支撐，向下跌破則形成反壓。

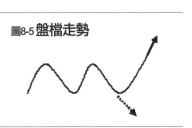

圖8-5 **盤檔走勢**

(5)移動平均線多空排列組合

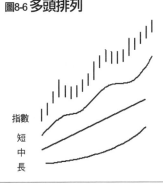

圖8-6 **多頭排列**

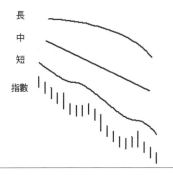

圖8-7 **空頭排列**

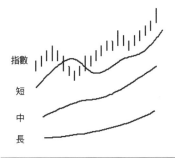

圖8-8 **短期回檔**

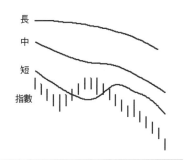

圖8-9 **短期反彈**

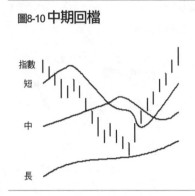

圖8-10 **中期回檔**

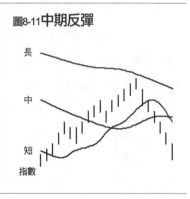

圖8-11 **中期反彈**

移動平均線買賣運用原則

(1) 移動平均線由下降漸走平，轉為上揚，股價由下向上突破移動平均線時為買進訊號；反之，移動平均線走平，漸反轉向下，股價跌破移動平均線時為賣出訊號。

(2) 利用快速及慢速兩條移動平均線交叉點來研判買賣點，當快速（短期）均線向上突破慢速（中期）均線，且中期均線呈上揚助

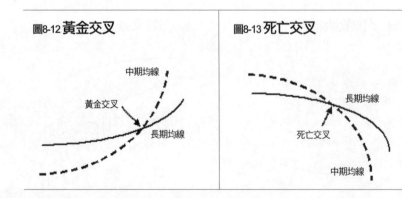

圖8-12 **黃金交叉**　　　　　圖8-13 **死亡交叉**

漲時，為黃金交叉，是買進時機；反之，如短期均線向下跌破中期均線，且中期均線反轉向下助跌時，為死亡交叉，是賣出時機。

(3) 中期均線和長期均線呈黃金交叉，代表中長期趨勢看好，但短線可能漲多拉回整理，拉回時宜逢低買進。反之，中期均線和長期均線呈死亡交叉，代表中長期趨勢看壞，但短線可能跌深反彈，反彈時宜賣出。

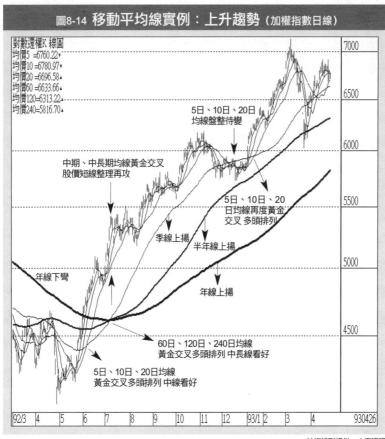

圖8-14 移動平均線實例：上升趨勢（加權指數日線）

技術線型提供：大富資訊

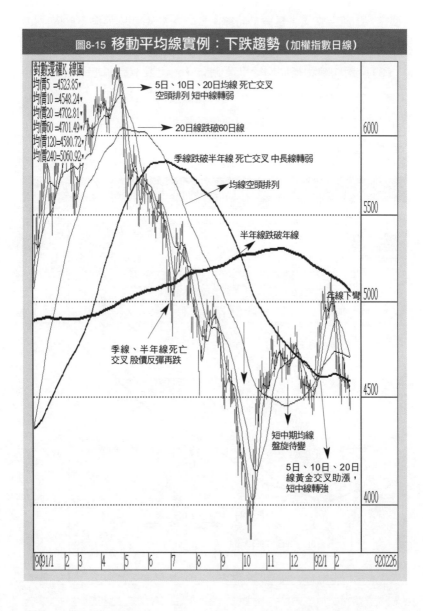

圖8-15 **移動平均線實例：下跌趨勢**（加權指數日線）

對數還權K線圖
均價5 =4523.85▼
均價10 =4548.24▼
均價20 =4702.81▼
均價60 =4701.49▼
均價120 =4580.72▼
均價240 =5060.92▼

5日、10日、20日均線 死亡交叉
空頭排列 短中線轉弱

20日線跌破60日線

季線跌破半年線 死亡交叉 中長線轉弱

均線空頭排列

半年線跌破年線

年線下彎

季線、半年線死亡
交叉 股價反彈再跌

短中期均線
盤旋待變

5日、10日、20日
線黃金交叉助漲，
短中線轉強

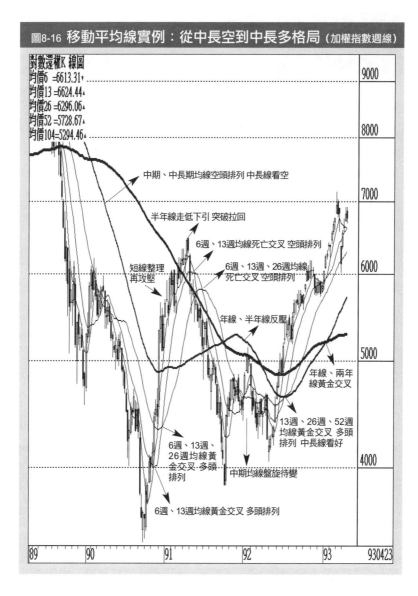

圖8-16 **移動平均線實例：從中長空到中長多格局**（加權指數週線）

對數還權K 線圖
均價6 =6613.31▼
均價13 =6624.44▲
均價26 =6296.06▲
均價52 =5728.67▲
均價104=5294.46▲

中期、中長期均線空頭排列 中長線看空

半年線走低下引 突破拉回

6週、13週均線死亡交叉 空頭排列

短線整理
再攻壓

6週、13週、26週均線
死亡交叉 空頭排列

年線、半年線反壓

年線、兩年
線黃金交叉

13週、26週、52週
均線黃金交叉 多頭
排列 中長線看好

6週、13週、
26週均線黃
金交叉 多頭
排列

中期均線盤旋待變

6週、13週均線黃金交叉 多頭排列

89   90   91   92   93   930423

9000
8000
7000
6000
5000
4000

葛蘭碧移動平均線八法則

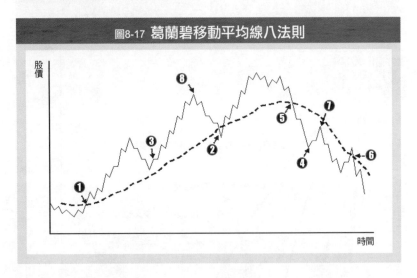

圖8-17 葛蘭碧移動平均線八法則

(1)平均線由下降漸走平上揚，股價從平均線下方向上突破平均線，為買進訊號，如❶。

(2)平均線上揚，股價在平均線之上，股價拉回未跌破均線又再度上升，也是買進訊號，如❸。

(3)股價跌落至平均線下方，平均線仍維持上升趨勢，是買進訊號，如❷。

(4)股價在平均線之下，股價大跌一段後，負乖離拉大，將出現跌深反彈向平均線靠攏的修正走勢（物極必反的道理），也是買進訊號，如❹。

(5)股價上漲且在平均線之上，股價大漲一段後，正乖離拉大，表示短期買進者皆獲利不少，隨時有獲利回吐賣壓湧現，出現漲多拉回向平均線靠攏的修正走勢，為賣出訊號，如❽。

(6) 平均線由走平轉為下跌趨勢，股價向下跌破平均線，為賣出時機，如 **❺**。

(7) 股價在平均線之下，平均線向下，股價反彈未超越平均線為賣出時機，如 **❼**。

(8) 股價反彈突破平均線，但平均線持續下跌時宜賣出，如 **❻**。

乖離率（Bias）

乖離率仍是跟前述葛蘭碧移動平均線八大法則中的第4買點（**❹**）及第8賣點（**⑧**）推演而來，它是物極必反的道理。

股市不可能永遠上漲或下跌，即使在大多頭市場中也會出現中期回檔走勢，在大空頭走勢中也會有中級反彈行情，實務上在波段多頭走勢形成前，基本上會先出現跌深反彈走勢。

通常我會在大盤指數或個股股價和月線或季線達到一定程度負乖離率時，先進場搶反彈，再進一步觀察大盤指數或個股股價向月線反彈修正時，能否突破月線，進一步扭轉月線跌勢，轉為月線向上助漲的中多行情，評估是要採取搶短操作或是較大波段操作策略。

所謂乖離率，即是以股價和移動平均線的距離，除以移動平均線計算而來。移動平均線代表投資人的平均持股成本，當股價在移動平均線之上時，稱為正乖離。當正乖離擴大時，投資人普遍獲利頗豐，自然會出現獲利回吐賣壓，行情因而拉回整理。

反之，股價在移動平均線之下，稱為負乖離。負乖離愈大，代表投資人虧損嚴重，較不可能認賠殺出，反而會有很多投資人進場撿便宜貨，股價因而出現跌深反彈行情。

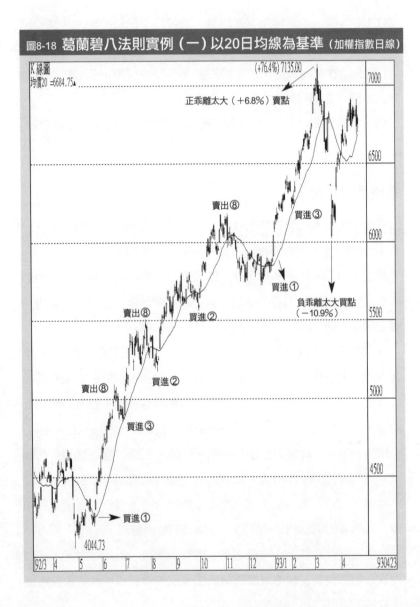

圖8-18 葛蘭碧八法則實例（一）以20日均線為基準（加權指數日線）

K線圖
均價20 =6684.75▲

(+76.4%) 7135.00

正乖離太大（＋6.8%）賣點

賣出⑧

買進③

買進①

負乖離太大買點
（－10.9%）

賣出⑧

買進②

賣出⑧

買進②

賣出⑧

買進③

買進①

4044.73

92/3 4 5 6 7 8 9 10 11 12 93/1 2 3 4 93/04/23

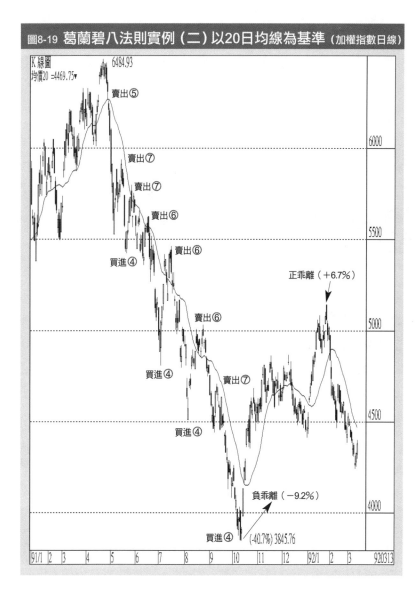

圖8-19 葛蘭碧八法則實例（二）以20日均線為基準（加權指數日線）

乖離率計算公式

$$N日乖離率＝\frac{（當日收盤價－N日移動平均線指數）}{N日移動平均線指數}$$

　　至於股價和移動平均線正負乖離達到多少，才是買進或賣出訊號，並無一定標準，從實務操作上統計可歸納如下：

　　(1) 大盤指數和月線的正常正負乖離約在5～7%間，當指數和月線的正負乖離達到5%以上時，大盤通常會拉回，或是反彈向月線修正。

　　如果是很強勢的多頭行情，大盤指數和月線正乖離會拉大至10%以上；遇有重大利空衝擊時，大盤指數和月線負乖離會拉大至10～15%。大多數的例子顯示，指數和月線負乖離達10%以上時，就可留意跌深反彈行情。

　　(2) 中大型股股價一般和月線正負乖離維持在15%上下，超強及超弱走勢，正負乖離會擴大至20%以上。至於中小型股，因為較容易有人為操縱，和月線乖離往往很大，不易有判斷標準。

　　(3) 大盤指數和季線正常的正負乖離率約在14%上下，當指數和季線正負乖離達至14%以上時，大盤通常會拉回或反彈向下修正。如果是很強勢的多頭行情，指數和季線正乖離會拉大至20%以上；當有重大利空衝擊時，指數和季線負乖離會拉大至20%以上。

　　(4) 在上漲初期，股價反彈強勁，和移動平均線正乖離快速拉大，雖有短線過熱拉回整理之虞，但卻是走勢相當強勁表徵，拉回宜買進。

本章摘要

◎移動平均線為股價在某一段時間內的平均價，代表這段期間投資人的持股成本，亦是多空雙方暫時平衡點。

◎20日線即月線，為個人在實務操作上判斷中期走勢時最常使用的均線。

◎年線為多空市場分界點，年線上揚，股價在年線之上為多頭市場；年線反轉向下，股價在年線之下，則為空頭市場。

◎中期均線和長期均線呈黃金交叉，代表中長期趨勢看好，但短線可能漲多拉回整理，拉回時宜逢低買進。反之，中期均線和長期均線呈死亡交叉，代表中長期趨勢看壞，但短線可能跌深反彈，反彈時宜賣出。

◎大多數的例子顯示，指數和月線的負乖離達10％以上時，就可留意跌深反彈行情。

◎當大盤指數和季線正負乖離達至14％以上時，大盤通常會拉回或反彈向下修正。

第9章 價量關係

資金是股市上漲的動能，資金面是否寬鬆，反應在股市的成交量上。一般而言，價量應是同步的，當股價在上漲過程中，投資人進場積極買進，成交量不斷增加，股價換手一路攀升。反之，在下跌過程，投資人退場賣出持股，成交量不斷萎縮，股價盤跌走低，即上漲量增，下跌量縮，價量結構配合。

當股價上漲，成交量卻無法放大，或股價下跌，成交量反而增加時，則為價量背離，可能是趨勢反轉的訊號。不過，價量關係因股價位於高檔及低檔，解讀會不一樣，如股價已下跌一段，在末跌段時，低檔量增可能是觸底訊號，股價在初跌段時跌破重要支撐，成交量卻放大，則是反轉訊號。

價量關係解讀

(1)價量配合：價漲量增，價跌量縮，為上漲走勢的價量結構。

(2)價量背離：高檔時，價跌量增或量大不漲，為反轉訊號。

(3)巨量長黑：為價量背離的反轉訊號，但多頭市場中常出現緩漲急跌走勢，在上漲一段時間後會出現巨量長黑，只要未跌破上升趨勢線或月線支撐，換手整理後，可望再攻堅。

不過，如在高檔出現巨量長黑，股價也跌破上升趨勢支撐時，大盤反轉下跌可能大，宜賣出持股。

(4)量先價行：從歷史經驗來看，出現高量之後可能會出現高價，隨後如成交量無法進一步放大，呈現價量背離時，股價可能反

轉向下。因此，高檔爆大量未必是好事，就算有高價可期，但反而要更加提高警覺，適度調節出場，才能避免之後被殺的措手不及。

股市在上漲一段後出現大量，短線則會因籌碼零亂而拉回整理，但整理之後仍有高點可期。反之，如成交量不斷萎縮並創低量，則股價將不斷盤跌走低，出現低價。

(5)成交量出現凹洞量為底部訊號：股價下跌過程中，成交量會逐漸萎縮，到底要縮小至高成交量時的百分之多少，實無定論。有時會萎縮至高成交量時的20％，有時10％，有時甚至縮小至5％。

較簡單的判斷原則是從週成量觀察，股價在較長時間下跌修正後，成交量圖形中明顯出現一凹洞，隔週成交量不再縮小、並漸放大，就可能是觸底訊號。

(6)突發性大量：通常出現在市場較冷門的個股上，由於突發性消息上漲，成交量出現一日大增現象，但因利多實質性不足，隔天成交量馬上萎縮，股價也盤跌走低，出曇花一現的一日行情。

(7)量滾量上漲：個股成交量出現超大量（或天量）可說是行情大好或大壞的前兆，股價大漲一段後爆大量，可能是出貨訊號，如隔一、二天後成交量萎縮，即可確認。

但股價緩漲後爆大量上漲，隨後出現更大量，則是大漲的前兆，特別是熱門股（如2004年的DRAM及面板股等）。

(8)無量飆漲：在過去台股炒籌碼的時代，由於主力鎖定籌碼，許多小型投機股常出現無量飆漲情況。但隨著台股漸成為法人主導市場，這種情況目前已較少見。

通常會出現在個股有突發性重大利多激勵時，或是股市步入主升段時期，一些轉機性強但股本不大的中低價股，會出現無量飆漲情

況。但無量飆漲一大段時，要留意是否爆大量，反轉向下。

多頭市場、空頭市場及整理走勢的價量結構

(1)多頭市場的價量結構：

上漲（成交量增加）

➔ 回檔（成交量萎縮）

➔ 盤檔（成交量萎縮後逐漸增加）

➔ 上漲（成交量再增加）

(2)空頭市場的價量結構：

下跌（成交量增加）

➔ 反彈（成交量稍增但較前一波低）

➔ 盤檔（成交量再減少）

➔ 下跌

(3)整理走勢：

股價在一定的區間內整理，往往呈現量縮止跌、量大拉回的局面。

移動平均量結構

移動平均量計算方法和移動平均線相同，可運用均線的使用原則在均量上。短期動能看3日及5日均量，中期動能看10日及20日均量（6週均量），中長期看60日均量（13週均量），要配合移動平均線走勢一同觀察，才能了解股價多空趨勢方向。

在各種不同的股價趨勢下，均量結構變化如下：

(1)觸底反彈回升

短期均量止跌走平回升➜5日均量突破10日及20日均量
➜20日均量走平回升➜短中均量呈現多頭排列➜成交量如
草叢般溫和增加,股價上揚。

(2)盤頭反轉向下

急漲出大量,大量長黑➜下跌成交量萎縮➜5日均量先反轉
向下➜5日量跌破10日及20日均量➜20日均量反轉向下走低
(中期轉弱)➜短中期均量呈空頭排列➜量縮盤跌走低

(3)短線反彈

量創新低➜二、三天內出現低價➜成交量不再萎縮➜股價
反彈,反彈力道視均量回升情況而定,通常呈現不規則變
化,量增二、三天後萎縮➜20日均量仍持續下滑。

a.最弱勢反彈:5日均量回升,但無法突破10日均量即又反轉
走低。

b.弱勢反彈:5日均量回升突破10日均量,但無法突破20日均
量即又反轉走低。

c.轉強反彈:5日量突破10日量及20日均量,如強化為中期反
彈行情,則20日均量會回升,短中期均量呈現多頭排列。

逆時鐘曲線八階段的運用原則

逆時鐘曲線是利用移動平均線及移動平均量兩者間關係變化,所
描繪出的一條逆時鐘方向的曲線圖。即前述探討價量關係時提到的
價漲量增、價跌量縮、價漲量縮、價跌量增等各種不同情況的價量
結構,以同時觀察移動平均線及移動平均量的變化方式,藉以研判

股價未來走勢及因應操作策略。

　　逆時鐘曲線是採XY軸的座標方式描繪，X軸代表成交量，Y軸代表股價，每日畫出XY軸的座標點。基期一般採取較平滑的20日平均數，每日計算出20日移動平均價及平均成交量，經過一段時間後，連結XY軸的座標點，就可畫出逆時鐘曲線，藉著曲線的變化方向來研判股價的買賣訊號。

圖9-1 **逆時鐘曲線圖**

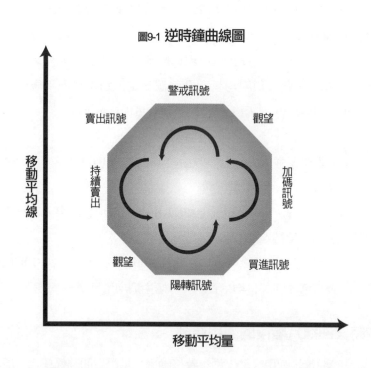

(1)陽轉訊號：股價下跌一段後，逐漸止跌回穩，呈現橫向盤整局面，但成交量逐漸增加，代表投資性買盤進場，價穩量增為轉強訊號。

(2)買進訊號：股價上揚，成交量不斷放大，呈現價量齊揚榮面，20日均線及均量同步回升，為買進訊號。

(3)加碼訊號：股價持續強勢上漲，出現惜售現象，投資人追價搶進，買盤更為強勁；由於籌碼穩定，月均量雖不變，但股價持續上漲，為加碼買進訊號。

這通常會是在上漲一段後，出現大量換手整理，整理完再攻堅時的價量結構。

(4)觀望訊號：股價仍漲，但成交量走平後萎縮，月均量下滑，

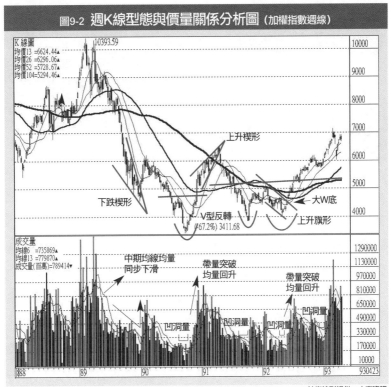

圖9-2 **週K線型態與價量關係分析圖**（加權指數週線）

技術線型提供：大富資訊

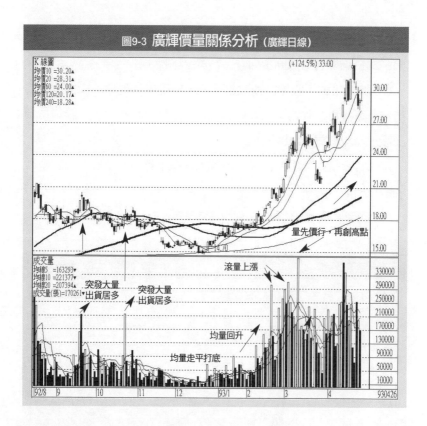

圖9-3 廣輝價量關係分析 (廣輝日線)

宜逢高獲利了結。價漲量縮，顯示多方動能漸不足，建議不宜再追價搶進。

(5)警戒訊號：和陽轉訊號相反，股價在高檔橫向震盪盤頭，無力再創高價，成交量也無法放大，市場人氣漸弱，宜減碼因應。

(6)賣出訊號：價量同步下滑，人氣明顯退潮，逆時鐘曲線由右上方向左下方反轉走低，股市進入空頭修正，最好退場賣出股票。

(7)持續賣出：股價急速下跌，成交量縮至低水平，月均量走平，逢反彈宜賣出。

(8)觀望訊號：股價持續下跌，但跌勢趨緩，成交量逐漸增加，谷底已近，由於再跌空間有限，建議空頭宜回補，多頭可逢低酌量買進。

逆時鐘曲線是由移動平均價及移動平均量所描繪出的方向線，移動平均數具有平滑功能，但本質是移動平均價通常落後股價波動，因此逆時鐘曲線一旦出現方向變化，有落後股價的趨勢。

但從實務操作上來看，月均價及月均量如同步上揚，且角度轉陡，大都是中波段漲勢的確認訊號；反之，月均價及均量如同步反轉下滑，則股價大都進入中空修正格局。當然如能和其他技術指標搭配使用，在研判買賣時機的準確度可進一步提高。

本章摘要

◎價量關係因股價位於高檔及低檔，解讀會不一樣，如股價已下跌一段，在末跌段時，低檔量增可能是觸底訊號，股價在初跌段時跌破重要支撐，成交量卻放大，則是反轉訊號。

◎股價大漲一段後暴大量，可能是出貨訊號，如隔一、二天後成交量萎縮，即可確認。但股價緩漲後暴大量上漲，隨後出現更大量，則是大漲的前兆。

◎凹洞量較簡單的判斷原則是從週成量觀察，如股價在較長時間下跌修正後，成交量圖形中明顯出現一凹洞，隔週成交量不再縮小、並漸放大，就是觸底訊號。

◎從實務操作上來看，月均價及月均量如同步上揚，且角度轉陡，大都是中波段漲勢的確認訊號；反之，則股價大都進入中空修正格局。

第10章 相對強弱指標 RSI

相對強弱指標RSI是目前股市廣泛使用的技術分析工具，為1978年美國威爾德（Welles Wilder JR.）所提出的交易方法之一。RSI全名為Relative Strength Index，台灣通稱為相對強弱指標。

RSI是基於供需平衡的原理，在正常的股市交易中，多空買賣雙方的力道需取得平衡，股價才能趨於穩定。我們可用RSI的強弱表現，來衡量多空買賣雙方的強弱程度，藉以研判股市的超買或超賣現象。

RSI的一般運用原則

RSI是在一段時間內，股價漲幅平均值占漲幅平均值加跌幅平均值的比值。市場一般採用6日及12日RSI，現在台灣股市每週交易日減為5天，也有人用5日及10日RSI，差異不大。RSI的計算公式

$$RSI = UP_{AVG(t)} \div \left(UP \right)_{AVG(t)} + DOWN_{AVG(t)} \times 100$$

或

$$RSI = 100 - \frac{100}{\left(1 + RS \right)}$$

$$RS = UP_{AVG(t)} \div DOWN_{AVG(t)}$$

註：$UP_{AVG(t)}$為一段時間內股價漲幅平均值

$DOWN_{AVG(t)}$為一段時間內股價跌幅平均值

以6日RSI為例子：

$$UP_{AVG(t)} = UP_{AVG(t-1)} \times \frac{5}{6} + UP_{AVG(t)} \times \frac{1}{6}$$

$$DOWN_{AVG(t-1)} = DOWN_{AVG(t-1)} \times \frac{5}{6} + DOWN_{AVG(t-1)} \times \frac{1}{6}$$

$$6日RSI = \frac{6日內漲幅平均值}{6日內漲幅平均值 + 6日內跌幅平均值} \times 100$$

如下：

也就是說，當6日內股價上漲總幅度平均值愈大，RSI的比值就愈大，代表多頭力道愈強。反之，6日內股價上漲總幅度平均值愈小，RSI的數值就愈小，代表多方力道不強。

RSI數值在0至100內波動，一般正常範圍在20至80間，20以下為超賣區，80以上為超買區，50為多空均衡點。詳見下圖：

圖10-1 **RSI的波動範圍圖**

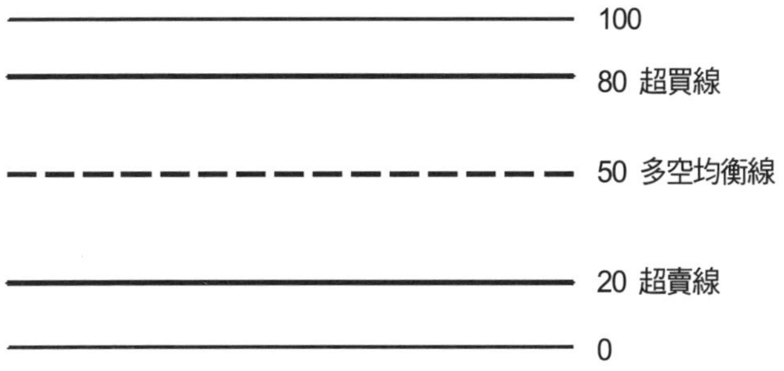

```
─────────────────────  100

─────────────────────  80 超買線

─ ─ ─ ─ ─ ─ ─ ─ ─ ─ ─  50 多空均衡線

─────────────────────  20 超賣線

─────────────────────  0
```

RSI的基本使用原則如下：

（1）在一般市場走勢中，RSI波動範圍約在20至80間。強勢市場則RSI波動範圍在30至90間，弱勢市場RSI波動範圍在10至70間。

（2）RSI基期一般採用6日及12日，短天期敏感性高，長天期較具趨勢性。當6日RSI向上突破12日RSI，為買進訊號，交叉開口愈大代表多方力道愈強；6日RSI向下跌破12日RSI，為賣出訊號，交叉開口愈大，則空方力道愈強。

我的運用技巧

但在RSI的實際運用上，我還會特別注意下列幾點：

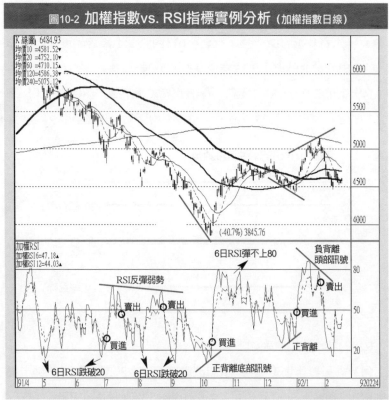

圖10-2 加權指數vs. RSI指標實例分析（加權指數日線）

技術線型提供：大富資訊

（1） 6日RSI彈至90附近為嚴重超買，約三日左右會拉回整理（個股停留時間會較久），但這表示行情非常強勁，拉回整理後會再創新高。反之，6日RSI拉回至10附近，為嚴重超賣，可望跌深反彈，但行情相當弱勢。

（2） 支撐壓力及型態等理論亦可用於RSI的圖形上，如在6日RSI在20附近形成W底時宜買進，反之，在80高檔附近形成M頭時宜賣出。

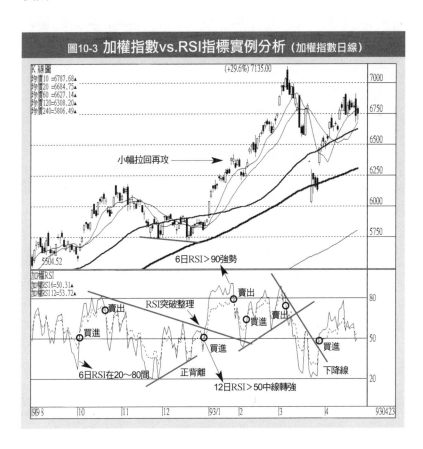

圖10-3 **加權指數vs.RSI指標實例分析**（加權指數日線）

（3）6日RSI呈現一底比一底高，表示多頭強勢，後市再漲一段的可能性大，是買進時機。反之，如呈現一底比一底低時，是賣出時機。

（4）在K線圖上，指數或股價呈現一頂比一頂高，但RSI圖形卻呈現一頂比一頂低，為負背離訊號，是股價要反轉下跌前兆。如價量結構和其他指標與指數或股價也是高檔負背離局面，則可確認股價將盤頭反轉向下。

反之，指數或股價呈現一底比一底低，但RSI圖形卻呈現一底比一底高，為正背離訊號，是股價止跌反轉上漲前兆。

📚 本章摘要

◎RSI是在一段時間內，股價漲幅平均值占漲幅平均值加跌幅平均值的比值。

◎RSI的強弱表現可用來研判股市的超買或超賣現象。

◎當6日RSI向上突破12日RSI 6日RSI向下跌破12日RSI，為賣出訊號，交叉開口愈大，則空方力道愈強。

◎6日RSI彈至90附近為嚴重超買，約三日左右會拉回整理（個股停留時間會較久），但這表示行情非常強勁，拉回整理後會再創新高。

◎6日RSI在20附近形成W底時宜買進，反之在80高檔附近形成M頭時宜賣出。

◎在K線圖上，指數或股價呈現一頂比一頂高，但RSI圖形卻呈現一頂比一頂低，為負背離訊號，是股價要反轉下跌前兆。

第11章 隨機指標KD

KD線

原名隨機指標（Stochastic Line），為喬治·藍恩（George Lane）發表，是相當實用的技術分析方法，隨機指標融合了相對強弱指標超買超賣現象及移動平均線的觀念，本質上是一個隨機波動的觀念，可協助掌握短中期行情走勢。

KD線一般採用的基期為9日，先由第9日的收盤價減去9日內最低價，其差距占9日內最高價減去9日內最低價差距的百分比求出未成熟隨機值（Raw Stochastic Value，簡稱為RSV），再計算RSV的三日指數平滑移動平均線，可算出快速隨機指標K線及慢速隨機指標D線，再運用K線及D線交叉情況來研判買賣點。

KD指標的一般用法

KD指標計算公式如下：

(1) 未成熟隨機值（RSV）

$$RSV_t = (C_t - L_9) \div (H_9 - L_9) \times 100$$

上式中9日內最高價減去9日內最低價可反應出行情的真正波幅，第9日收盤價減去9日內最低價則顯示出多方的力道，因為收盤價和最低價的差距是多方抵抗空方攛壓的結果，第9日收盤價愈高則愈接近9日內的最高價，代表多頭的力量愈強。

(2) 求出K線及D線

$$K_t = RSV_t \times \frac{1}{3} + K_{t-1} \times \frac{2}{3} \qquad D_t = K_t \times \frac{1}{3} + D_{t-1} \times \frac{2}{3}$$

上式中K線是由RSV的三日指數平滑移動平均線求出，D線由K線的三日指數平滑移動平均線求出，因此K線為快速的隨機指標，D線為慢速的隨機指標，如無前一的K值或D值可用50代入計算，另可由

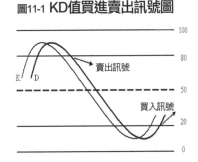

圖11-1 KD值買進賣出訊號圖

3K值減去2D值求出J值，其反應速度又較K值快。

KD指標的基本使用原則如下：

(1) K值與D值介於0至100間，80以上為超買區，20以下為超賣區，50為多空均衡點。9日K值向上突破D值，K值及D值都大於20以上為買進訊號，9日K值跌破D值、且K值與D值都跌落80以下為賣出訊號。

(2) J值因是3K減去2D值求取，其數值會超出0至100間，當J值達到110以上為多方強勢現象，J值在－10以下則為空方強勢。

我的運用技巧

在KD的傳統運用之外，我還會特別注意下列幾點：

(1) 9日KD值從高檔拉回修正，如KD值都守住50（或K值小幅跌破50但D值守住50）為強勢整理現象。反之，9日KD值從低檔交叉向上，如KD值都彈不上50（或K值小幅突破50，D值彈不上50）為弱勢反彈現象。

(2) 在上漲過程中，9日KD值交叉向上開口愈大，表示多頭力量愈強；反之，在下跌過程中，9日KD值交叉向下開口愈大，則表示

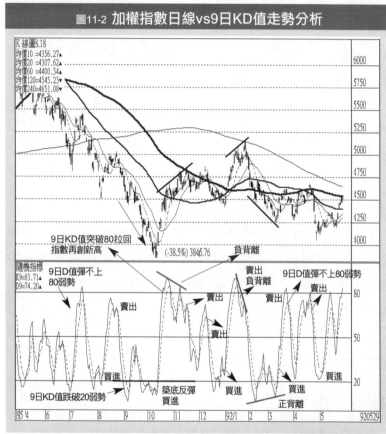

圖11-2 加權指數日線vs9日KD值走勢分析

技術線型提供：大富資訊

空頭力量愈強。

(3)9日KD值一併彈上80以上，且停留在80以上強勢鈍化，為超強走勢，漲勢會持續較久時間，短線拉回後仍會再創高價。反之，9日KD值一併跌破20，且停留在20以下，呈現弱勢鈍化，為超弱勢，跌勢通常會持續較久，短線反彈後，仍會再拉回探底。

(4)9日KD值反彈均能突破80以上，短線拉回整理後，股價通常

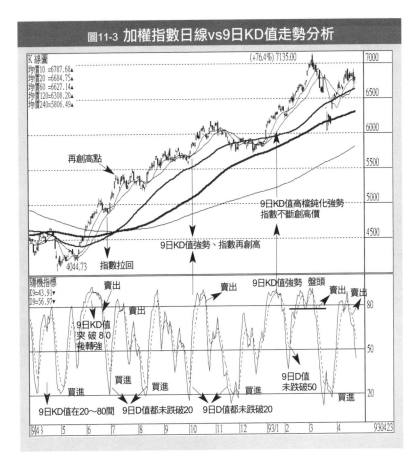

圖11-3 加權指數日線vs9日KD值走勢分析

會再創高價，拉回可承接。反之，9日KD值拉回均跌破20，短線反彈後通常會再拉回測低點，反彈宜減碼。

　(5)股價一再創新高價或新低價，但9日KD值卻無法創高值或未再創低值，為高檔負背離及低檔正背離現象，是股價反轉訊號，為賣出及買進時機，可和價量及RSI一起觀察，增加訊號的有效性。

　(6)KD值採用的時間基期較短，可作為短線交易指標，但可使

用在週線及月線上，9週KD值及9月KD值在中期及中長期波段訊號掌握上非常有效，是我個人常用的波段指標。

📖 **本章摘要**

◎KD線融合了相對強弱指標超買超賣現象及移動平均線的觀念，可正確掌握短中期行情走勢。

◎9日K值向上突破D值，K值及D值都大於20以上為買進訊號，9日K值跌破D值，且K值與D值都跌落80以下為賣出訊號。

◎9日KD值反彈均能突破80以上，短線拉回整理後，股價通常會再創高價，拉回可承接。

◎股價一再創新高價或新低價，但9日KD值卻無法創高值或未再創低值，為高檔負背離及低檔正背離現象，是股價反轉訊號。

◎9週KD值及9月KD值在中期及中長期波段訊號掌握上非常有效，是我個人常用的波段指標。

第12章 MACD

有別於 RSI及KD值為採樣基期較短的技術指標，指數平滑異同移動平均線（MACD）為較中期波段性的技術指標。MACD為美國Gerald Appel 及W. Fredrick Hitschler所提出的交易方法。

MACD的英文全名為Moving Average Convergence and Divergence，其原理仍是利用快速與慢速兩條指數平滑移動平均線，計算兩者間的差離值（DIF），再利用差離值與差離值平均值（DEM）的聚合與分散的徵兆功能，藉以研判股市或個股的買進或賣出時機，MACD可去除移動平均線常出現假訊號的缺點，找出股價真正趨勢方向。

當股價處於漲勢中，短期（快速）移動平均線及中期（慢速）移動平均線間的差距會愈來愈大；如漲多整理時，兩者間的差距會縮小或交叉；在跌勢中，短期均線會跌破中期均線，且在中期均線之下，兩者的差距會隨著跌勢加劇而擴大。

計算MACD的方法

（1）計算需求指數 （Demand Index）：

$$DI_t = (H_t + L_t + 2 \times C_t) \div 4$$

上式中，H為最高價，L為最低價，C為收盤價。

一般可用收盤價來代替DI值。

(2)計算指數平滑移動平均線（EMA）：

先計算出快速指數平滑移動平均線（12日EMA）及慢速指數平滑移動平均線（26日EMA），在MACD的指數平滑移動平均線計算法則，都加重最近一日的權數。

$$\text{EMA}_t = \text{EMA}_{t-1} + \left[\frac{2}{1+n} \right] \times (\text{DI}_t - \text{EMA}_{t-1})$$

EMA_t為當日指數平滑移動平均線，

EMA_{t-1}為前一日指數平滑移動平均線，n為移動平均天數。

今日EMA_{12}＝前一日EMA_{12}×11÷13＋今日收盤價×2÷13

今日EMA_{26}＝前一日EMA_{26}×25÷27＋今日收盤價×2÷27

(3)計算差離值（DIF）：

12日EMA－26日EMA，在漲勢中，12日EMA在26日EMA之上，正差離值會愈來愈大；反之，在跌勢中，12日EMA在26日EMA之下，負差離值會愈來愈大。

(4)計算差離值平均值DEM（過去通稱的MACD值）：

將DIF值計算9日指數平滑移動平均線，求出DEM值。

今日DEM（MACD）＝前一日DEM×8÷10＋今日DIF×2÷10

MACD的運用原則

DIF及DEM計算出來的均為正值或負值，形成在零軸上下移動的兩條快速與慢速線，用其交叉訊號研判買賣訊號，我們可以DIF

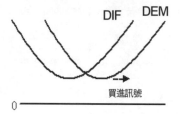

圖12-1 零軸之上，DIF向上突破DEM宜買進

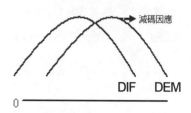

圖12-2 零軸之上，DIF向下跌破DEM宜賣出

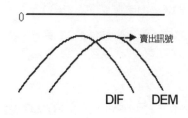

圖12-3 零軸之下，DIF向下跌破DEM宜賣出

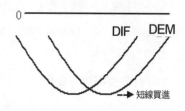

圖12-4 零軸之下，DIF、DEM交叉向上—搶反彈

減去DEM值描繪成柱狀圖以便判斷。

（1）DIF及DEM均為正值：DIF及DEM均在零軸以上，大盤為多頭趨勢，當DIF向上突破DEM時宜買進（圖12-1）；DIF及DEM在零軸以上交叉向下，大都是多頭走勢中的短中期修正走勢，可先部分減碼因應（圖12-2），拉回不破零軸應買進。

（2）DIF及DEM均為負值：DIF及DEM均在零軸以下，大盤為空頭趨勢，DIF向下跌破DEM時宜賣出（圖12-3）；DIF及DEM在零軸以下交叉向上，為空頭走勢中的短中線反彈走勢，空單宜回補或搶短因應（圖12-4）。

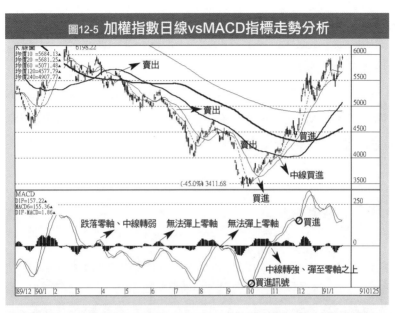

圖12-5 加權指數日線vsMACD指標走勢分析

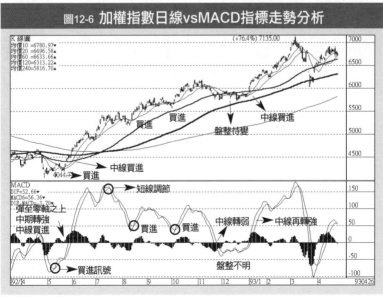

圖12-6 加權指數日線vsMACD指標走勢分析

（3）當股價續創高價，但DIF無法創高值時，為高檔負背離，是賣出時機。反之，當股價續創低價，但DIF卻未創低值時，為低檔負背離，是買進時機。

（4）MACD為中期指標，如股價在小範圍內波動，趨勢方向不明，使用MACD指標績效將不理想，如進出過於頻繁，將使交易成本大增，可配合RSI及KD指標使用。

 本章摘要

◎MACD可去除移動平均線常出現的假訊號缺點，找出股價真正趨勢方向。

◎DIF及DEM在零軸以上交叉向下，大都是多頭走勢中的短中期修正走勢，可先部分減碼因應，拉回不破零軸應買進；如交叉向上，為空頭走勢中的短中線反彈走勢，空單宜回補或搶短因應。

◎當股價續創高價，但DIF無法創高值時，為高檔負背離是賣出時機。反之，當股價續創低價，但DIF卻未創低值時，為低檔負背離是買進時機。

◎MACD為中期指標，如股價在小範圍內波動，趨勢方向不明，使用MACD指標績效將不理想。

第13章 趨向指標DMI

趨向指標（DMI）是美國威爾德（Welles Wilder JR.）所提出的交易方法，DMI全名為Directional Movement Index，中文簡稱趨向指標，為判斷波段走勢相當實用的技術分析方法。

DMI的基本原理，是股價在上漲及下跌過程中，藉創新高價或新低價的動能，研判多空買賣力道，藉以尋求多空雙方力道的均衡點，以及股價在多空雙方互動下，波動的趨勢循環過程。

相較MACD為中期技術指標，DMI可視為中長期技術指標。在個人實務操作經驗上，一旦DMI出現較強的訊號，後市的漲幅或跌幅將相當可觀，為很實用及有效的技術指標。

DMI的計算方式

（1）先確認出趨向變動值（DM, Directional Movement）是上漲或下跌：分別以＋DM與－DM表示上漲或下跌的趨向變動值，所謂的DM值，為今日股價波動幅度大於昨日股價波動幅度部分的最大值，可能是創高價的部分或創低價的部分，如今日股價波動幅度較前一日小，則趨向變動值為0。三種情況的圖示如下：

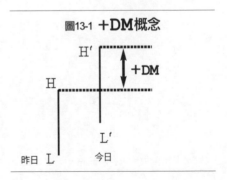

圖13-1 ＋DM概念

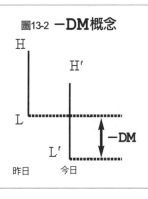

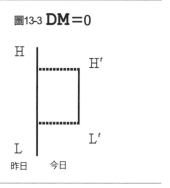

圖13-1中，＋DM值為今日最高價大於昨日最高價部分。

圖13-2中，－DM值為今日最低價低於昨日最低價部分。

圖13-3中，今日最高價及最低價在昨日最高價至最低價之間。

圖13-4 ±DM取用法

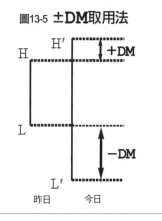

圖13-4中，＋DM值大於－DM值，則取＋DM值。

圖13-5中，－DM值大於＋DM值，則取－DM值。

每日的趨向變動值只取＋DM值及－DM值較大的部分。

(2) 找出真正波幅（TR, True Range）：TR為當日股價格與前一日股價比較後的最大變動值，比較下列三種方式，取其絕對值最大者，即是當日的真正波幅。

> a.當日最高價與最低價的差距（$H_t - L_t$）
>
> b.當日最高價與前一日收盤價的差距（$H_t - C_{t-1}$）
>
> c.當日最低價與前一日收盤價差距（$L_t - C_{t-1}$）

(3) 找出方向線（DI, Directional Indicator）：為觀察未來股價上漲或下跌方向的指標，分別以正負來表示上升方向線（+DI）及下跌方向線（-DI），正負值僅是表示上漲及下跌的方向，並不是真正的正負數。一般基期以14天方向線為主。

> a. $+DI_{14} = +DM_{14} \div TR_{14} \times 100$
>
> b. $-DI_{14} = -DM_{14} \div TR_{14} \times 100$
>
> c. $+DM_{14} = (+DM_{13}) \times \dfrac{13}{14} + （當日的+DM） \times \dfrac{1}{14}$
>
> d. $-DM_{14} = (-DM_{13}) \times \dfrac{13}{14} + （當日的-DM） \times \dfrac{1}{14}$
>
> e. $TR_{14} = (TR_{13}) \times \dfrac{13}{14} + （當日的TR） \times \dfrac{1}{14}$

計算出＋DI及－DI值介於0至100間，＋DI$_{14}$是以14天來創高價部分除以真正波幅，是多方的力量，代表最近14天來實際上漲百分比動量；－DI$_{14}$則是以14天來創低價部分除以波幅，是空方的力量，代表最近14天來實際下跌的百分比動量。

如股價不斷向上攀升創高價，則上升方向線（＋DI）的數值將不斷上升，下降方向線（－DI）則反向走低；如股價不斷創低價，下降方向線（－DI）的數值將不斷上升，上升方向線（＋DI）則反向走低；如股價處於盤整，則上升及下降方向線的方向不明顯。

（4）找出趨向平均線（ADX, Average Directional Movement）：計算趨向平均線前須先計算趨向值（DX, Directional Movement Index）。

$$DX = DI_{DIF} \div DI_{SUM} \times 100$$

DI_{DIF}為上升方向線及下跌方向線差距的絕對值。

DI_{SUM}為上升方向線及下跌方向線的的和。

由於趨向值變動性大，再求DX的14天指數平滑移動平均線

$$ADX_{14} = ADX_{13} + 當日的DX$$

DMI指標的運用原則

DMI指標最主要是利用＋DI上升方向線，以及－DI下降方向線的交叉訊號研判買賣時點，配合ADX線的方向及強度，更可清楚研判漲勢或跌勢。

（1）＋DI線由下向上突破－DI線，－DI線下降時，表示股

圖13-6
+DI線由下向上突破-DI線

買進訊號

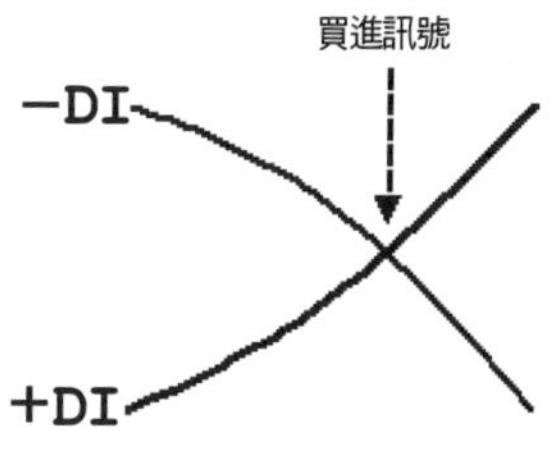

價不斷有高價出現，多頭氣勢
強勁，為買進訊號。反之，＋
DI線由上向下跌破－DI線，
－DI線上升時，表示股價不
斷有低價出現，空頭氣勢強
勁，為賣出訊號。

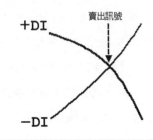

圖13-7 **＋DI線由上向下跌破－DI線**

（2）＋DI上升方向線及－
DI值下降方向線配合ADX觀
察，＋DI線由下向上突破－DI線時，ADX線呈上揚走勢，則漲勢
更強勁，為多頭轉強訊號。反之，－DI線由下向上突破＋DI線
時，ADX線呈上揚走勢，則跌勢更劇烈，為空頭轉強訊號。

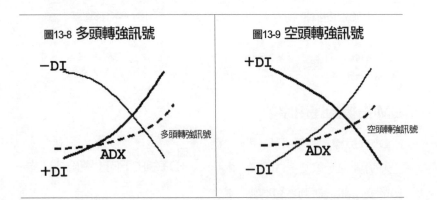

圖13-8 **多頭轉強訊號**

圖13-9 **空頭轉強訊號**

（3）ADX是由DX透過平均線求得，已具平滑作用，可輔助研判
股價在漲勢或跌勢的反轉訊號。當＋DI明顯大於－DI時，顯示多
方強勢，ADX值會漸漸增加，ADX呈現明顯上升趨勢時，表示漲

勢方向相當明確，股價將持續上漲。

反之，當－DI值明顯大於＋DI，顯示空方強勢，ADX值逐漸增加，當ADX線呈現明顯上升趨勢時，表示跌勢方向相當明確，股價將持續下跌。

(4) ADX線上升角度較強，且大於20以上時，表示中長期漲勢更加確定，突破30以上，則後市將大漲或大跌一段。

簡單的說，ADX線是扮演搧風助燃的角色，上升角度愈陡，表示風力愈強火力愈大。只是，燒的是多方或空方的火炬，還需由＋DI與－DI的相對位置來觀察。

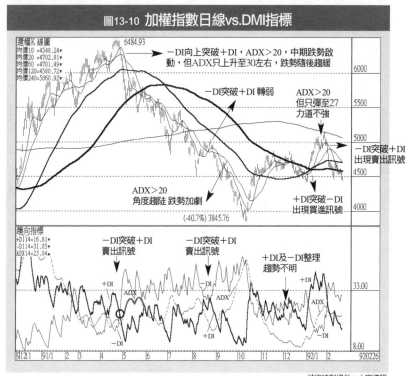

圖13-10 加權指數日線vs.DMI指標

技術線型提供：大富資訊

（5）當行情呈現整理格局，股價雖有新高價出現，但也常出現新低價，使得＋DI線及－DI線出現頻繁交叉現象，ADX值也逐漸減少，當ADX值在20以下低檔徘徊時，市場為盤整行情，DMI指標買賣訊號效果不理想，它是一個適合判別中長期趨勢的指標，不適合運用在短期操作上。

（6）ADX線會落後股價達到高峰或谷底，在漲勢中，當ADX線由上升方向轉為下降時，表示漲勢即將結束。反之，在跌勢中，當ADX線由上升方向轉為下降時，表示跌勢即將結束。

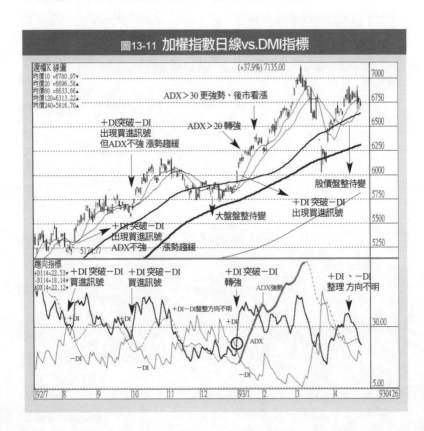

圖13-11 加權指數日線vs.DMI指標

　　以日DMI值而言，ADX值達到50以上就有反轉壓力，可用ADX線跌破其上升趨勢線來加以確認。

本章摘要

◎在個人實務操作經驗上，一旦DMI出現較強的訊號，後市的漲幅或跌幅將相當可觀。

◎ADX線上升角度較強，且大於20以上時，表示中長期漲勢更加確定，突破30以上，則後市將大漲或大跌一段。

◎ADX值是一個適合判別中長期趨勢的指標，不適合運用在短期操作上。

◎在漲勢中，當ADX線由上升方向轉為下降時，表示漲勢即將結束。在跌勢中，當ADX線由上升方向轉為下降時，表示跌勢即將結束。

第14章 新價三線

新價三線由日本江戶時代的米市交易市場流傳至今，是一種相當能掌握股價上漲及下跌趨勢轉變的指標，和移動平均線具有共通的一面。其特色在於明確顯示出買進與賣出的訊號，新價三線是我判斷波段行情相當倚重的指標之一。

新價三線的畫法

新價三線只有在當日收盤價高於之前的收盤價時，才會畫入圖形中。例如股價起始點為50元，次日上漲至53元，則畫出3元陽線；第三日維持53元，則不須更新。

第四日上漲至55元，再往上畫出2元陽線；第五日跌至53元，因在50元至55元範圍內，也不須更新；第六日漲至55元也不須更新，第七日上漲至57元，再往上畫2元陽線。目前已持續出現三根陽線，如第八日收盤價漲至58元，則畫出第四根陽線。

往後股價須向下跌破三根陽線時，才改畫陰線（如陽線只有二根，股價跌破二根陽線時即向下畫陰線）。例如第九日收57元，因在53元至58元三根陽線內，不須更新；第十日收55元，也不須更新；第11日上漲至56元，也不須更新；第12日跌至54元，也不須更新。

但第13日跌至52元時，由於收盤價已跌破53元至58元三根陽線的第一根陽線低點，因此開始畫出第一根陰線。至於在下跌走勢中，收盤價不斷創低價，新價三線將不斷出現陰線，只有股價上漲

向上超過三根陰線時，才改畫陽線。

表14-1 新價三線畫法舉例

日期		第1天	第2天	第3天	第4天	第5天	第6天	第7天	第8天	第9天	第10天	第11天	第12天	第13天
舉例1	收盤價	50	53	53	55	53	55	57	58	57	55	56	54	52
舉例2	收盤價	58	55	56	53	53	55	54	53	52	51	53	54	56

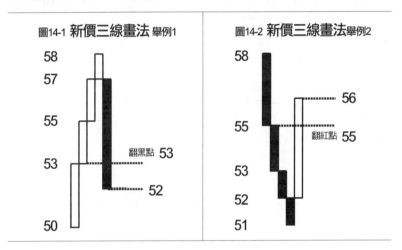

圖14-1 新價三線畫法 舉例1

圖14-2 新價三線畫法 舉例2

新價三線畫法相當容易，目前在股市資訊系統大都有新價三線，其陽線或陰線變動不多，因為不會每天都出現新高價或新低價，股價要超越三根陽線或陰線需要一段時間，當新價三線翻紅或翻黑就是股價轉為漲勢或跌勢的訊號。

新價三線的運用原則

（1）當新價三線翻紅或翻黑，連續數日畫出陽線或陰線時，表示股價展開漲勢或跌勢，此時宜買進或賣出。

（2）當新價三線翻紅或翻黑，超越之前三根陰線或三根陽線時，

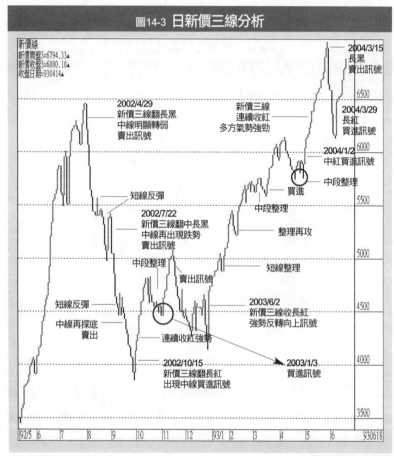

圖14-3 日新價三線分析

新價線
新價開盤3=6794.33▲
新價收盤3=6880.18▲
收盤日期=930414▲

2004/3/15
長黑
賣出訊號

2002/4/29
新價三線翻長黑
中線明顯轉弱
賣出訊號

新價三線
連續收紅
多方氣勢強勁

2004/3/29
長紅
買進訊號

2004/1/2
中紅買進訊號

短線反彈

中段整理

買進

2002/7/22
新價三線翻中長黑
中線再出現跌勢
賣出訊號

中段整理

整理再攻

中段整理

賣出訊號

短線整理

短線反彈

2003/6/2
新價三線收長紅
強勢反轉向上訊號

中線再探底
賣出

連續收紅強勢

2002/10/15
新價三線翻長紅
出現中線買進訊號

2003/1/3
買進訊號

6500
6000
5500
5000
4500
4000
3500

92/5 6 7 8 9 10 11 12 93/1 2 3 4 5 6 930618

技術線型提供：大富資訊

為初步買進及賣出訊號。但三根K線，如為中紅線（或中長紅線）及中黑線（或中長黑線），則反轉訊號較強；反之，如是小紅及小黑線線，則反轉訊號不強。

（3）新價三線以長紅突破之前三根陰線，為強烈轉強訊號，但短線可能漲多整理，中線宜逢低買進。反之，新價三線以長黑線跌破

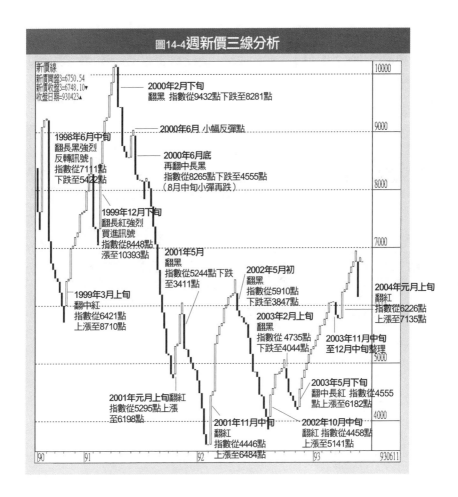

圖14-4 週新價三線分析

之前三根陽線時，為強烈轉弱訊號，短線可能跌深反彈，但中線反彈宜賣出。

　　(4) 在操作上，新價三線的翻紅或翻黑點（即之前第三根線的低點），視為反彈壓力點或拉回支撐點，一旦未能翻紅或翻黑，宜賣出或買進。

(5) 在整理格局中，新價三線翻紅或翻黑的幅度不大，即三根陽線或陰線的差距很小，翻紅或翻黑的反轉訊號不強，新價三線的買進或賣出訊號績效將打折扣，它較適合運用在判斷波段行情的多空趨勢轉變。

 本章摘要

◎新價三線是一種相當能掌握股價上漲及下跌趨勢轉變的指標。

◎當新價三線翻紅或是翻黑，就是股價轉為漲勢或跌勢的訊號。

◎新價三線以長紅突破之前三根陰線，為強烈轉強訊號，但短線可能漲多整理，中線宜逢低買進。

◎新價三線的翻紅或翻黑點（即之前第三根線的低點），視為反彈壓力點或拉回支撐點，一旦未能翻紅或翻黑，宜賣出或買進。

如何掌握多空趨勢方向及轉變

Part 3

第15章 道氏理論

股價趨勢的多空循環轉變如能掌握，投資股票已踏出成功的第一步，即使買進的股票是大家耳熟能詳的台塑三寶、中鋼、聯電、台積電等大型績優股，或買台灣50基金，也能獲取不錯的投資報酬率。

在第2章中我曾提及判斷股市多空趨勢的方法及原則，首先會先觀察總體面因素（景氣及資金面情況、政策動向）、國際股市（特別是美國股市）、外資動向、市場因素（大股東心態、市場人氣）等是否偏向正面，再配合線型及指標呈現的訊號強弱度來研判是短線、中線或中長線的多頭或空頭行情，再擬定因應的操作策略及選股，以便在不同規模的行情中採取不同的操作策略，以利在股市中求勝。

市場的三種趨勢

道氏理論是決定股票市場主要趨勢方法中最古老且廣為使用的一種，基本上市場存有三種趨勢：

（1）主要趨勢：為最重要的趨勢，亦即多頭或空頭市場。此種趨勢持續期間有時少於一年，有時達數年之久，只要下一個上漲的走勢突破前一高點，每個中期拉回的低點較前一次低點高，那主要趨勢是上升的。

反之，一個高點比一個高點低，每一個低點比前一次低點低，那主要趨勢是下跌的。其因應操作策略為在多頭市場確立時，宜儘早買進股票，長期持有一直到空頭市場形成時。

(2)次級趨勢：次級趨勢或稱為中期趨勢，為重要的反動行情，干擾了主要趨勢。在多頭市場中的中段整理、或在空頭市場中的中段反彈行情，可能持續數週之久，拉回或反彈的幅度約是前一個主要趨勢的1/3～2/3間。

拉回幅度達1/3為強勢修正走勢，拉回幅度達2/3為弱勢修正走勢，反彈幅度達2/3為強勢反彈走勢，反彈幅度僅達1/3為弱勢反彈走勢。

(3)短期波動：短暫的波動，短則數小時，長則三週左右。一個中級趨勢是由一連串的短期波動所組成，對長期投資者而言較不具預測價值，是三種趨勢中容易受到人為操縱的。

多頭市場的三個階段特色

多頭市場又可分為三個階段，其特色如下：

(1)進貨期：此時市場是最悲觀的，一般投資人大都灰心離開股市，但股價指數已將最壞的情況折現，有遠見的投資人已察覺到整個景氣逐漸好轉徵兆，市場即將有所轉變，開始逢低進貨，股市成交量漸增加，市場重燃對未來的信心。

進貨期通常在景氣大波段循環向上初期出現，即青年期行情或初升段走勢。例如：2003年3月20日美伊戰爭開打，4月中旬又爆發SARS疫情，股市彌漫著悲觀的氣氛。

由於股市之前已歷經三年多的大空頭走勢，影響股市的經濟數據基期極低，且在利空消息衝擊下，代表散戶籌碼的融資餘額一路減少，惟有遠見的外資已在2003年3月中旬、約4500點以下位置一路買超。

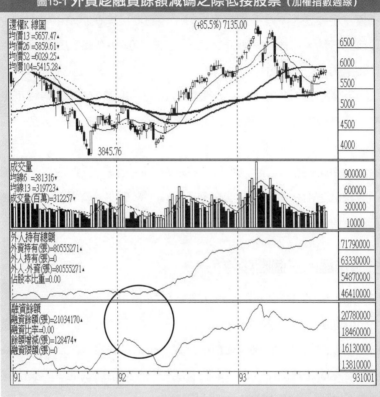

圖15-1 **外資趁融資餘額減碼之際低接股票**（加權指數週線）

技術線型提供：大富資訊

（2）穩定上漲期：股市穩定的上漲，成交量明顯增加，經濟景氣好轉及企業盈餘改善吸引了投資大眾的注意，也就是基本面題材漸表面化，為壯年期行情或主升段行情，是多頭市場中最容易獲利的階段，使用技術分析的投資者，通常能獲取很大的利潤。

例如：2003年5月下旬起漲之後，大盤成交量從600多億元，逐步放大到1000億元、1400億元，並向2000億元邁進。隨著股市上

漲，航運、塑化等傳產類股，以及面板零組件，調高財測的好消息紛紛傳出。

月線、季線、半年線紛紛被有效突破，形成多頭排列。年線也拉平，並於8月分開始上揚助漲，KD、MACD、RSI等技術指標全面翻多，不論依靠基本面或技術面操作，都有不錯的獲利。

(3)沸騰期：股市投機氣氛達到最高峰，所有投資人都聚集在證券商，財經的報導都是樂觀的，股價投機性的上漲，市場一片樂觀，大家忽略了股市已上漲了很長一段時間。

隨著投機氣氛的高漲，連冷門股交投都轉趨活絡，低價股及小型股飆漲，但績優股已開始轉弱，為老年期行情或末升段走勢。

例如：1989年至1990年台股攻上萬點期間，1990年2月指數創下台灣股市12682歷史高點，台塑三寶，中鋼等績優股已無法突破1989年高點，且率先轉弱，但許多沒有本質的小型投機股，甚至封閉型基金，都飆漲數倍以上，股市成交量爆增至2000億以上，市場已有人喊出上看15000點，市場全面狂熱，大家忽略了股市從1985年的636低點起漲以來，已大漲12000多點，上漲時間也長達四年八個月，未來下跌的風險漸增。

空頭市場的三個階段特色

空頭市場又可分為三個階段，其特色如下：

(1)出貨期：形成於前一個多頭市場的最後一個階段，有遠見的投資人已察覺到企業的盈餘已到達高點，股市出現利多不漲的鈍化現象，開始大量出貨。

此階段交投仍熱絡，成交量仍然很大，但在反彈時量能已逐漸減

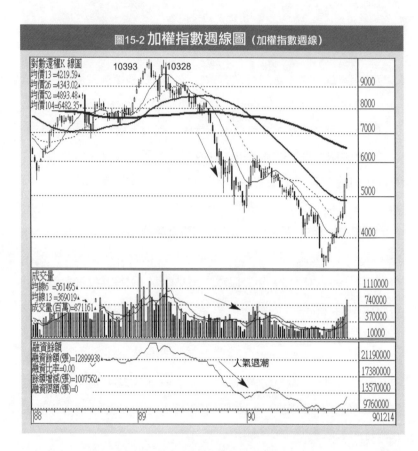

圖15-2 **加權指數週線圖**（加權指數週線）

少，投資大眾仍熱衷交易，但開始感覺到不容易獲利了，為初跌段
行情。

例如：近期最經典的空頭走勢，非2000年總統大選後的三年股市
重挫莫屬。雖然指數高點是2000年2月18日的10393點，但在選前
即下跌到8250點，重挫2000多點。

2000年的3月中旬至4月中旬，指數雖再度反彈至10328點，這中
間的月均量高達2000億元，成交量仍相當大，但並未超過前波高

點。當時電子類股如IC設計、DRAM、TFT及NB等族群，都有利多不漲的意味，老手們紛紛開始出清持股。

(2)恐慌期：景氣下滑，企業盈餘衰退消息浮現，股市買氣明顯萎縮，賣壓大幅湧現，使股價加速直線下跌，進入主跌段走勢，在恐慌期結束後，會有一段相當長時間的跌深中期反彈走勢出現。

例如：2000年8月21日至10月19日，股市從8305點急跌至5074點，兩個月大跌近3231點，形成一條明顯的下降趨勢線，是最典型的恐慌期主跌段。這段期間也是融資大幅減肥期，各大報上開始出現融資追繳令的字眼，投資人信心浮動。

(3)極度悲觀期：市場有愈來愈多人悲觀賣出，績優股持續下跌，空頭市場最後階段下跌集中於績優股上，然空頭市場在壞消息頻傳的情況下結束，最壞的情況已被股價折現，股市開始出現利空不跌現象，通常在壞消息完全出盡前，空頭市場已經過去了，為末跌段行情。

例如：主跌段結束後，就要進入漫長的打底期，2001年國外如IBM等大企業紛紛裁員，IT產業存貨過多，企業獲利不佳的利空消息籠罩在股市中。

雖然大家都覺得股市已在低檔區，受到市場悲觀氣氛影響，仍不敢貿然進場，2001年911恐怖攻擊事件後，在極度悲觀中，股市的底部終於出現。

道氏理論中的主要趨勢、次級趨勢及短期波動三種趨勢，剛好是反映長期趨勢、中期趨勢及短期趨勢，除了基本面特色外，我們也可運用K線型態、移動平均線及技術指標等工具，研判股市短期、中期及中長期趨勢。

📖 **本章摘要**

◎道氏理論中的主要趨勢、次級趨勢及短期波動三種趨勢，剛好反映股市長期趨勢、中期趨勢及短期趨勢。

◎多頭市場中的穩定上漲期，為壯年期行情或主升段行情，是多頭市場中最容易獲利的階段，使用技術分析的投資者，通常能獲取很大的利潤。

◎多頭市場進入沸騰期後，隨著投機氣氛的高漲，冷門股成交轉趨活絡，低價股及小型股飆漲，但績優股已開始轉弱，為老年期行情或末升段走勢。

◎股市出現利多不漲的鈍化現象，開始出現大量出貨，交投雖仍熱絡，但在反彈時量能已逐漸減少，投資大眾開始感覺到不容易獲利了，為初跌段行情。

◎股市出現利空不跌現象，因為通常在壞消息完全出盡前，空頭市場已經過去了，為末跌段行情。

第16章 技術面如何找買點

在第二篇中我們探討了很多K線、型態、移動平均線、RSI、KD值、MACD、DMI及新價三線等技術分析工具。藉著各種技術指標不同的採樣基期，採用短期移動平均線、中期移動平均線、中長期移動平均線，運用日指標、週指標及月指標等不同方式來找尋短中期多頭趨勢轉折。

當短多力道夠強，就可轉變為中多趨勢；中多力道夠強，就可轉變為中長多趨勢。本章節主要就是探討這些轉折訊號及買進訊號。

短期多頭轉折及買進訊號

空頭走勢中常會出現短中線反彈行情，但反彈不易突破月線及中期下降趨勢線反壓，短線可買進，但反彈至壓力點時宜調節。在短線多頭轉折及買進訊號方面可注意：

（1）指數和10日線負乖離率達5％以上時，或和月線負乖離拉大至10％左右時，會出現跌深反彈行情，短線可搶反彈。

（2）指數落在下跌軌道的下限，遇支撐止跌反彈。

（3）9日KD值出現交叉向上買進訊號，但不易彈上80以上，如果弱勢，則不到80前即又交叉向下。

（4）RSI指標也出現交叉向上買進訊號，6日RSI彈上50以上，通常不到70即轉弱拉回，12日RSI不易突破50多空均衡點（或是不易站穩50多空均衡點）。

（5）MACD在零軸以下，出現交叉向上、柱狀圖翻紅的買進訊

號，但交叉向上力道不強，很快又會再度交叉向下，對買進訊號意義不大。

（6）DMI指標不會出現買進訊號，－DI小幅拉回，＋DI小幅反彈，但－DI不會跌破＋DI。

（7）K線型態大都是下跌抵抗型或下跌中繼型（參見第5章），反彈成交量未明顯放大，10日及月均量下滑。

（8）日新價三線在連續多根收黑後，會反彈收一根紅線或收幾根小紅線，反彈力道不強。

（9）盤面缺乏領軍的主流股或指標股。

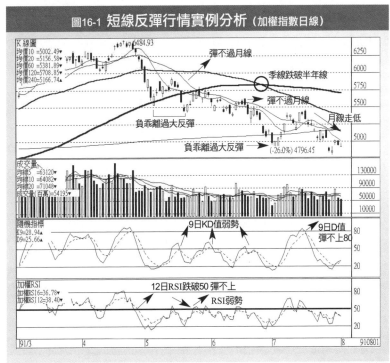

圖16-1 **短線反彈行情實例分析**（加權指數日線）

技術線型提供：大富資訊

中期多頭轉折及買進訊號

　　當短線反彈力道夠強，就會強化為中多行情，股價須能帶量突破週線圖上的中期下降趨勢線及月線反壓，通常會反覆震盪築底，展開中多走勢，出現中期轉折向上及買進訊號。以下提供7項的判別參考：

　　(1) 中期反彈行情，中期均線趨勢轉變如下：

　　❶有效突破月線，月線走平轉為上揚，5日線、10日線和月線形成黃金交叉助漲，成交量明顯穩定擴增，均量回升，短中期均線及均量形成多頭排列，開始出現中期轉折及買進訊號。

　　❷普通強勢的中期反彈行情，月線向上突破季線，但季線呈走平趨勢，並未上揚助漲，半年線持續走低，指數突破季線遇半年線壓力，會拉回測試季線支撐。

　　❸更強勢的中期反彈行情，季線轉為上揚趨勢，月線及季線呈黃金交叉助漲，半年線漸走平，年線持續走低，指數反彈至年線附近會遇壓拉回整理。

　　(2) 週線中期下降趨勢線反壓有效突破，週RSI交叉向上，9週KD值交叉向上突破20，出現中線買進訊號，逢回宜買進，週MACD隨後出現交叉向上買進訊號，但仍在零軸之下。

　　(3) 日指標方面：6日RSI開始突破先前高點，出現彈至80附近或突破80強勢。

　　就我個人觀察，如12日RSI攻上50以上站穩，向上攀升，9日KD值突破80出現鈍化強勢，MACD彈上零軸之上，都是更加強化中期漲勢訊號。

　　(4) 日新價三線連續出現多根紅線，呈現漲勢訊號，週新價三線

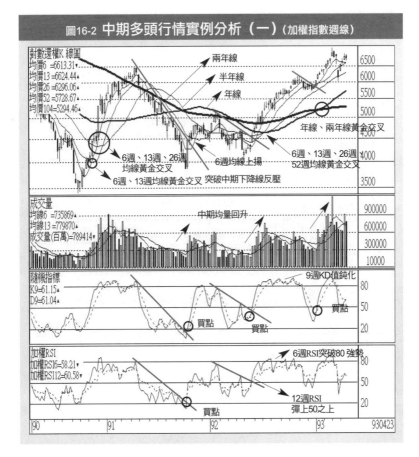

圖16-2 **中期多頭行情實例分析（一）**（加權指數週線）

也翻紅。

（5）普通強勢中期反彈行情，DMI指標出現＋DI突破－DI強勢，但力道不強，ADX在20以下低檔震盪，未出現強勁漲勢訊號，較強勢的中期反彈行情，ADX會突破20，但至30附近會遇壓拉回。

（6）短中期底部形成，可能是V型反轉、向季線反彈修正，或W

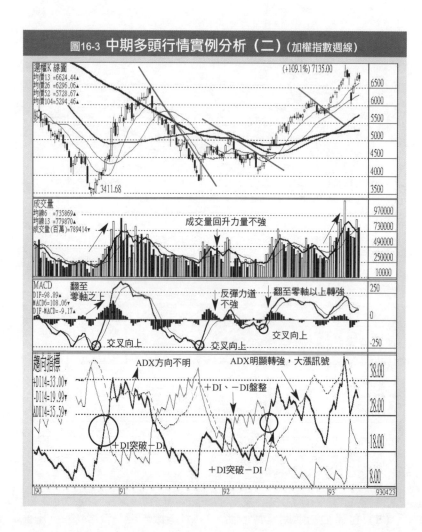

圖16-3 **中期多頭行情實例分析（二）**（加權指數週線）

底及多重底等，日K線呈現三陽線或上升抵抗型、上升中繼型（參見第5章）等型態。

（7）盤面出現漲勢較強的主流股，如2002年的中概股及傳產股、2003年SARS疫情後的DRAM、面板及CD-R類股、以及2004

年的面板及DRAM股。

以個人實際操作經驗而言，大抵出現月線走平上揚助漲，短中期均量回升，9週KD交叉向上突破20以上，週新價三線翻中紅等，就是中線轉強反彈訊號，宜買進。

至於是否轉為更強勢的中線反彈行情、或中長多行情，則可觀察9週KD值及RSI彈過50多空均衡點上之後，週MACD值是否翻上零軸以上、週DMI是否出現買進訊號、ADX是否彈過20以上等強烈訊號。

中長期多頭轉折及買進訊號

當中線反彈力道夠強，就會強化為中長多行情，股價會帶量突破月線圖上的中長期下降趨勢線及半年線、年線反壓，年線走平轉為上揚，出現中長期轉折向上和買進訊號。以下提供7項判別參考：

(1)中長期多頭行情，中期及中長期均線趨勢轉變如下：

❶有效突破季線，季線走平轉為上揚，月線、季線形成黃金交叉助漲，成交量不斷放大創高量，中期及中長期均量明顯回升，中長期均線及均量形成多頭排列，開始出現中長期轉折及買進訊號。

❷普通強勢的中長期多頭行情，季線向上突破半年線及年線，月線、季線及半年線呈多頭排列，年線呈走平緩升趨勢，並未明顯上揚助漲，兩年均線走低，指數反彈後，漲多會拉回測試年線支撐。

❸更強勢的中長期多頭行情，年線轉為上揚趨勢，季線、半年線和年線呈黃金交叉助漲，兩年線漸走平上揚，指數持續反彈，

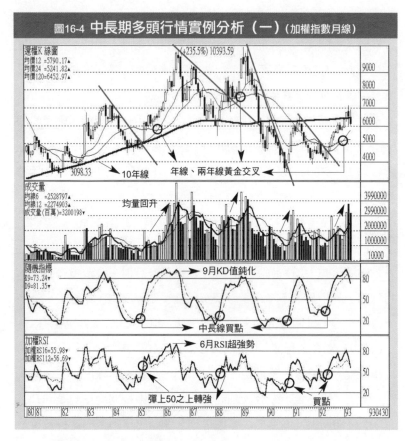

圖16-4 **中長期多頭行情實例分析（一）**（加權指數月線）

年線及兩年線出現黃金交叉助漲。

（2）月線中長期下降趨線反壓有效突破，月RSI及9月KD值交叉向上突破20，出現中長線買進訊號，月MACD隨後出現交叉向上的買進訊號，但仍在零軸之下，但隨著漲勢強化，MACD會翻至零軸之上。

（3）週指標方面，6週RSI開始突破先前高點，開始彈至80或出現突破80強勢。就我個人觀察，如12週RSI攻上50以上，並站穩向上

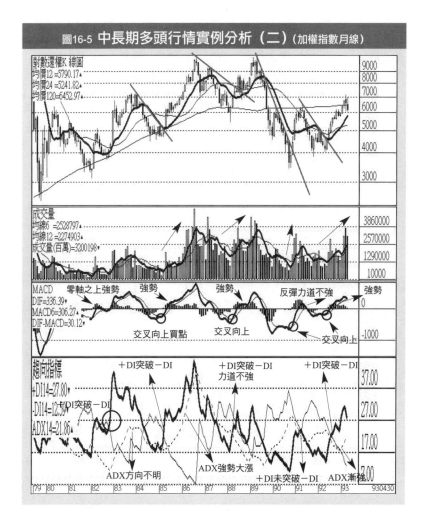

圖16-5 **中長期多頭行情實例分析（二）**（加權指數月線）

攀升，9週KD值突破80出現鈍化強勢，月MACD彈上零軸之上，都是更加強化中長期漲勢訊號。

（4）週新價三線連續出現多根紅線，呈現中長期漲勢訊號，月新價三線也會翻紅。

(5) 普通強勢中長期多頭行情，週DMI指標出現＋DI突破－DI強勢，ADX上升至20以上，進一步突破30以上強勢，月DMI指標出現＋DI突破－DI強勢，但ADX未出現明顯上升方向。

在較強勢的中長期多頭行情，週ADX會突破20以上，出現角度較陡的上升方向，向上攀升至50以上，月DMI指標會出現＋DI向上突破－DI，ADX會突破20以上的強烈漲勢現象。

(6) 週線會形成規模較大的中期底部型態，如頭肩底、W底或多重底，週K線或月K線會出現三陽線型或上升抵抗型及上升中繼型（參見第5章）等。

(7) 主流股或指標股出現連續性大漲行情，紛紛出現9週KD值或9月KD值高檔強勢鈍化現象。

當然中長多行情可能更強化為長多行情，如年線、兩年線呈黃金交叉且上升角度變陡，6月RSI能彈至80或80以上，且拉回不破12月RSI，而12月RSI彈上50以上向上攀升，9月KD值在80以上高檔強勢鈍化，月DMI指標會出現＋DI向上突破－DI，上升趨勢很明顯，ADX突破20以上呈現高角度上升，進一步攀升至30以上。

近年來月DMI指標出現如此強烈買進訊號很少見，只有在1996年10月出現此一訊號，當時指數已由4474低點上漲至6400點附近，後來又一路上漲至萬點。

月DMI指標在2004年3月ADX已攀升至20以上，但5月又轉折向下，上升角度未能轉陡，無法轉為更強勢的長多行情。

本章摘要

◎短期買進訊號：指數和10日線的負乖離率達5％以上時，或和月線負乖離拉大至10％左右時，會出現跌深反彈行情，短線可搶反彈。

◎短期多頭轉折訊號：RSI指標也出現交叉向上買進訊號，6日RSI彈上50以上，通常不到70即轉弱拉回，12日RSI不易突破50多空均衡點（或是站穩50多空均衡點）。

◎短期反彈行情：K線型態大都是下跌抵抗型或下跌中繼型，反彈成交量未明顯放大，10日及月均量下滑。

◎中期反彈行情：月線走平上揚助漲，短中期均量回升，9週KD交叉向上突破20以上，週新價三線翻中紅等，就是中線轉強反彈訊號，宜買進。

◎較強勢的中期反彈行情，ADX會突破20，但至30附近會遇壓拉回。

◎如12週RSI攻上50以上，並站穩向上攀升，9週KD值突破80出現鈍化強勢，月MACD彈上零軸之上，都是更加強化中長期漲勢訊號。

第17章 技術面如何找賣點

本章節 探討重點剛好第16章相反，藉著各種技術指標不同的採樣基期，採用短期移動平均線、中期移動平均線、中長期移動平均線，運用日指標、週指標及月指標等不同方式來找尋短期、中期及中長期空頭趨勢轉折。

當短空力道夠強，就可轉變為中空趨勢，中空力道夠強，就可轉變為中長空趨勢，探討這些轉折訊號及賣出訊號。

短期空頭轉折及賣出訊號

多頭走勢中常會出現短中線拉回修正整理，但拉回不易跌破月線及中期上升趨勢線支撐，短線可調節；但拉回遇支撐宜買進。在轉折及賣出訊號方面可注意：

(1) 指數在多頭走勢中，指數和10日線或月線正乖離程度，往往較空頭走勢中指數和10日或月線負乖離小，指數和10日線正乖離率達3％以上時，或和月線正乖離拉大至5％至7％時，會出現短線乖離過大拉回修正走勢，可先短線調節，拉回至10日線或月線再回補。

(2) 指數高點觸及上升軌道的上限，遇壓拉回整理。

(3) 9日KD值出現交叉向下賣出訊號，9日K值可能小破50，但9日D值會守在50之上。

(4) RSI指標也出現交叉向下賣出訊號，6日RSI可能小幅跌破50，但12日RSI會守在50以上。

(5)MACD在零軸以上出現小幅交叉向下，柱狀圖出現小幅翻黑數日的賣出訊號，但交叉向下力道不強，很快又再度交叉向上，對短線賣出訊號意義不大。

(6)DMI指標呈現中長多訊號，＋DI小幅拉回，－DI小幅反彈，＋DI不會跌破－DI。

(7)日K線型態大都是上升抵抗型或上升中繼型的小黑及小紅線（參見第5章），在多頭市場中通常會出現緩漲急跌走勢，上漲途中可能出現中長黑K線洗盤換手，但大都會守住10日線或月線支撐。

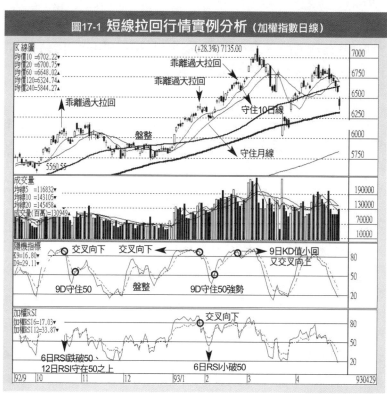

圖17-1 **短線拉回行情實例分析**（加權指數日線）

技術線型提供：大富資訊

(8)日新價三線在連續一段時間收紅線後，會拉回一根中黑或收幾根小黑線，反轉力道不強。

(9)強勢指標股或主流股拉回測試5日或10日線支撐，中期漲勢仍相當強勁。

中期空頭轉折及賣出訊號

當短線拉回走勢一再出現，從剛開始測試10日線反彈，到上漲一段較長時間後，指數會拉回測試月線支撐，測試一、兩次後，漲勢漸趨弱，就會漸強化為中空行情。

股價會跌破週線圖上的中期上升趨勢線及月線支撐，通常會在高檔反覆震盪盤頭後，進行中空跌勢，出現中期轉折向下及賣出訊號。中期空頭轉折及賣出訊號判別及注意要點如下：

(1)中期空頭行情，中期均線趨勢轉變如下：

❶跌破月線，月線走平轉為下跌，5日線、10日線和月線形成死亡交叉助跌，成交量明顯萎縮，均量下滑，短中期均線及均量形成空頭排列，開始出現中期轉折向下及賣出訊號。

❷普通弱勢的中期空頭行情，月線向下跌破季線，但季線呈走平趨勢，並未反轉向下助跌，半年線持續走高，指數跌破季線遇半年線支撐會反彈向季線修正。

❸更弱勢的中期空頭行情，季線轉為下跌趨勢，月線及季線呈死亡交叉助漲，半年線漸走平，年線持續走揚，指數拉回年線附近會遇支撐反彈，但季線已形成反壓。

(2)跌破週線中期上升趨勢線支撐，週RSI交叉向下，9週KD值交叉向下跌破80，出現賣出訊號，如有反彈宜賣出，週MACD隨後

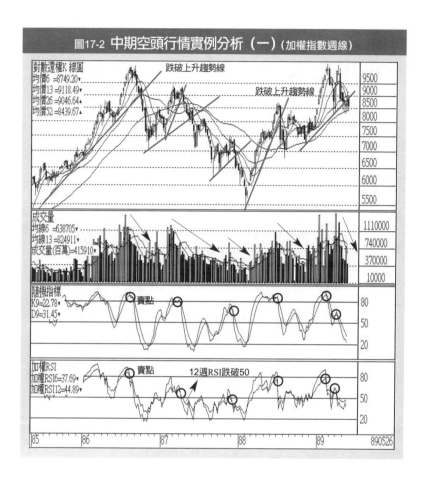

圖17-2 **中期空頭行情實例分析（一）**（加權指數週線）

出現交叉向下的賣出訊號，但仍在零軸之上。

（3）日指標方面，6日RSI開始跌破先前低點，出現跌近20附近或跌破20弱勢。就我個人觀察，如12日RSI跌破50以下，卻出現彈不上50且向下走低的走勢，9日KD值跌破20，出現鈍化弱勢，MACD指標跌落零軸之下，都是更加強化中空跌勢訊號。

（4）日新價三線連續出現多根黑線，呈現跌勢訊號，週新價三線

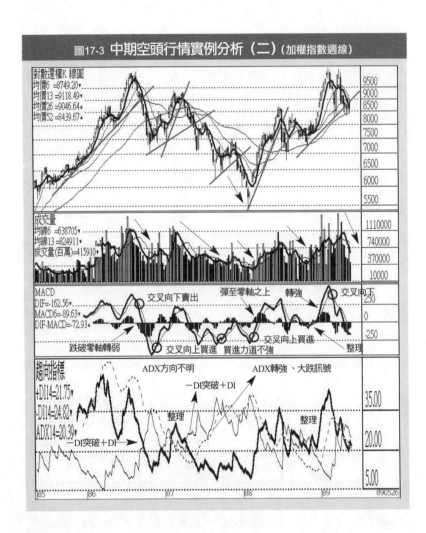

圖17-3 **中期空頭行情實例分析（二）**（加權指數週線）

也翻黑。

(5) 普通弱勢中期空頭行情，DMI指標出現－DI突破＋DI強勢，但力道不強，ADX在20以下低檔震盪，未出現強勁跌勢訊號，更強勢的中期空頭行情，ADX會突破20，但至30附近會遇壓拉回。

(6)短中期頭部形成，可能是V型反轉向季線拉回修正，或M頭及多重頭等，日K線呈現三陰線或下跌抵抗型、下跌中繼型。

(7)主流股及指標股開始轉弱，類股呈現輪跌走勢。

以個人實際操作經驗而言，大抵出現月線走平向下助跌，短中期均量下滑，9週KD交叉向下跌破80以下，週新價三線翻中黑等，就是中線轉弱反轉訊號，建議宜賣出。

是否轉為更強勢的中空行情，或中長空行情，可觀察9週KD值及RSI跌破50多空均衡點下後，週MACD值是否翻至零軸以下、日DMI出現賣出訊號、ADX彈過20以上等強烈訊號。

中長期空頭轉折及賣出訊號

當中線反轉力道夠強，就會強化為中長空行情，股價會跌破月線圖上的中長期上升趨勢線、半年線、年線支撐，年線走平轉為下跌，出現中長期轉折向下和賣出訊號，以下為判別及注意要點：

(1)中長期空頭行情，中期及中長期均線趨勢轉變如下：

❶跌破季線，季線走平轉為下跌，月線和季線形成死亡交叉助跌，成交量不斷萎縮創低量，中期及中長期均量明顯下滑，中長期均線及均量形成空頭排列，開始出現中長期轉折向下及賣出的訊號。

❷普通弱勢的中長期空頭行情，季線向下跌破半年線及年線，月線、季線及半年線呈空頭排列，年線呈走平緩降趨勢，並未明顯反轉向下助跌，兩年均線走平，指數跌深反彈向年線修正。

❸更弱勢的中長期空頭行情，年線轉為下跌趨勢，半年線及年線呈死亡交叉助漲，兩年線走平下跌，指數持續下跌，年線及兩年

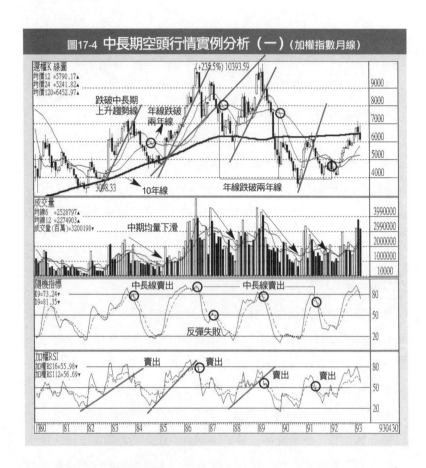

圖17-4 **中長期空頭行情實例分析（一）**（加權指數月線）

線出現死亡交叉助跌。

(2)跌破月線中長期上升趨勢線支撐，月RSI交叉向下，9月KD值交叉向下跌破80出現賣出訊號，如有反彈宜賣出，月MACD隨後出現交叉向下賣出訊號，但仍在零軸之上，但隨著跌勢持續，月MACD值會跌落零軸之下。

(3)週指標方面，6週RSI開始跌破先前低點，出現跌至20附近或

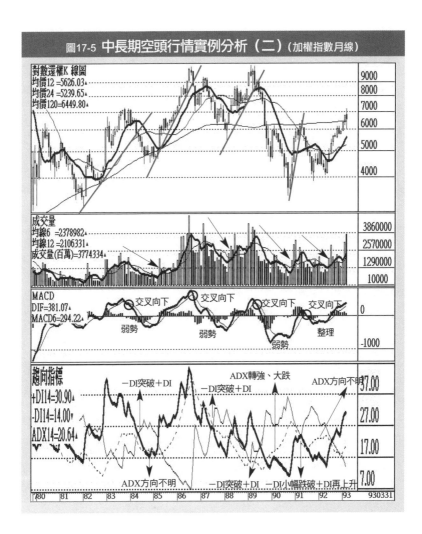

圖17-5 中長期空頭行情實例分析（二）（加權指數月線）

跌破20弱勢。

　　就我個人觀察，如12週RSI跌破50以下，彈不上50，向下走低，9週KD值跌破20出現鈍化弱勢，MACD指標跌落零軸之下，都是更加強化中長空跌勢訊號。

(4) 週新價三線連續出現多根黑線，呈現強烈跌勢訊號，月新價三線也翻黑。

(5) 普通弱勢中長期空頭行情，週DMI指標出現－DI突破＋DI強勢，ADX上升至20以上，進一步突破30以上強勢，月DMI指標出現－DI突破＋DI強勢，但ADX未出現明顯上升方向，在較強勢的中長期空頭行情，週ADX會突破20以上，出現角度較陡的上升方向，向上攀升至50以上，月DMI指標會出現－DI向上突破＋DI，ADX上升至20以上的強烈跌勢現象。

(6) 週線會形成規模較大的中期頭部型態，如頭肩頂、M頭或多重頭，週K線或月K線會出現三陰線型，或是下跌抵抗型及下跌中繼型等。

(7) 主流股或指標股明顯轉弱，弱勢股大跌，紛紛出現9週KD值或9月KD值低檔弱勢鈍化現象。

同樣地，中長空行情可能更強化為長空行情，如年線、兩年線呈死亡交叉且下跌角度變陡，6月RSI跌至20附近或破20，反彈不過12月RSI，12月RSI在50以下走低，9月KD值在20以下低檔弱勢鈍化，月DMI指標會出現－DI向上突破＋DI，上升趨勢很明顯，ADX突破20以上呈現高角度上升。

近年來月DMI指標出現強烈賣出訊號很少見，只有在2001年5月曾出現此一訊號，當時指數雖已由萬點修正至5000點附近，但仍持續下滑至3411低點。

綜合以上第16章及本章節有關於買進及賣出訊號探討，我們可知道透過K線型態，移動平均線及技術指標，可找出一套判斷短期、中期及中長期行情的方法及原則，進而採取因應的操作策略。

在短多行情中以搶短因應，中多及中長多行情則採取中期或中長期波段操作方式因應；短空行情可採觀望態度因應，觀察盤勢進一步變化再調整，中空行情則要減碼或停損因應，中長空行情則觀望或搶短多行情因應。

本章摘要

◎指數和10日線正乖離率達3％以上時，或和月線正乖離拉大至5～7％時，會出現短線乖離過大的拉回修正走勢，可先短線調節，拉回至10日線或月線再回補。

◎在多頭市場中通常會出現緩漲急跌走勢，上漲途中可能出現中長黑K線洗盤換手，但大都會守住10日線或月線支撐。

◎以個人實際操作經驗而言，大抵出現月線走平向下助跌，短中期均量下滑，9週KD交叉向下，跌破80以下，週新價三線翻中黑等，就是中線轉弱反轉訊號，建議宜賣出。

◎如12週RSI跌破50以下，彈不上50，向下走低，9週KD值跌破20出現鈍化弱勢，MACD指標跌落零軸之下，都是更加強化中長空跌勢訊號。

第18章 基本面如何找買賣點

從 K線型態、移動平均線及技術指標等分析方法，我們可以很清楚的定義出短期、中期或中長期的多空行情。就我個人操作經驗而言，出現我所認定的中多或中長多行情，或中空或中長空行情，當然要有基本面條件的配合。

嚴格來說，我的分析預測方式是綜合了技術分析及基本分析方法，股價趨勢告訴我們方向，基本面則給我們信心，大盤的多空趨勢可以就總體經濟景氣和資金情勢分析來判斷，個股買賣點則從產業景氣、個股價值、業績成長性及題材面著手。

總體經濟景氣分析

在總體經濟景氣分析方面，一般主要會參考各國經濟成長率預測及景氣領先指標。

（1）參考經濟成長率預測：台灣是出口導向國家，主要出口至美國、大陸、歐洲及日本，這些台灣主要貿易國經濟景氣成長，台灣景氣自然跟著看好，每年國際貨幣基金會（IMF）、世界銀行、及許多預測機構都會發表對全球景氣及美國主要國家景氣進行預測，投資人只要參考這些預測，大致可了解當年度全球景氣概況。

台灣主計處、經建會、中經院、台綜院及大型外資券商也會預測台灣經濟成長率，投資人只要留意專業財報紙，就可了解經濟景氣的循環趨勢。

如2001年台灣經濟成長率從2000年的5.86%下滑至－2.18%，

圖18-1 經濟成長率及加權指數走勢比較

資料來源：康和證券整理

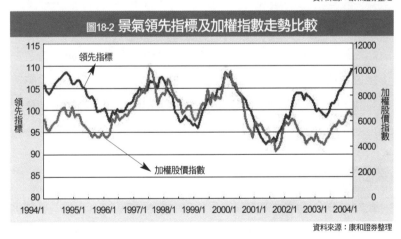

圖18-2 景氣領先指標及加權指數走勢比較

資料來源：康和證券整理

股市經過一段相當長的修正下跌走勢，2002年經濟展望轉趨樂觀，
股市從2001年第四季即開始止跌反彈。

　（2）從景氣領先指標看大盤趨勢：一般我會參考景氣領先指標走
向，其和股價指數或有稍領先、同時或落後現象，但趨勢方向是一

圖18-3 景氣對策信號及加權指數走勢比較

資料來源：康和證券整理

景氣對策信號判別表

分數指標	9～16分	17～22分	23～31分	32～37分	38～45分
景氣燈號	藍燈	黃藍燈	黃燈	黃紅燈	紅燈

致的。只要領先指標出現止跌回升現象，股市也會止跌反彈向上；反之，如領先指標趨勢向下，股價也會反轉向下修正整理。

　　過去有位經建會副主委常建議，在景氣對策信號下降至藍燈時買進股票、上升至紅燈時賣出股票，可以看出，以景氣對策信號位置，再配合領先指標的方向，不難掌握股價循環的低檔區及高價區。

資金情勢分析

　　在分析資金情勢時，主要須參考央行貨幣政策動向，並以貨幣供給年增率M1B來觀察股市動能，至於市場人氣指標則視融資餘額而定。

　　(1)央行貨幣政策動向：央行的貨幣政策寬鬆與否，過去台灣央行貨幣政策大都跟隨美Fed的貨幣政策，2004年3月美非農業就業人口大增，核心CPI明顯上升，Fed因此在6月底開始升息。

　　台灣M2貨幣供給年增率已連續三個月大於央行目標區6.5％，市場開始關切央行是否降溫，依歷史經驗來看，台灣央行升息約在美國升息三至六個月後，由於Fed在2004年下半年持續升息動作，央行已於10月1日跟進調升重貼現率、擔保放款融通利率、短期融通利率各一碼（0.25％），終結低利率時代。

　　然而升息雖不利短期股市表現，但央行開始升息，表示景氣已明顯好轉，無礙中長期股市表現，一般要多次升息後，股市趨勢才會改變。

　　（2）從M1B看有無資金行情：在觀察股市動能方面，我常會以活動性較強的M1B貨幣供給年增率的方向來判斷。只要是外資匯入增加、活期存款增加、證券劃撥存款增加，則會反應在M1B年增率上。

　　從圖18-4中可看出，M1B和加權股價指數可能有領先、同時或落後現象，但大方向是一致的，一旦M1B成長率不斷升高，股價指數也會向上攀升。反之，如M1B成長率下滑，股價指數也會同

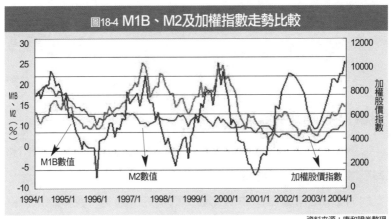

圖18-4 **M1B、M2及加權指數走勢比較**

資料來源：康和證券整理

步下跌。

通常，先看到M1B成長率止跌呈回升趨勢，就可預估資金行情即將發酵，如M1B年增率上升突破M2年增率，股市資金行情更為確認。

(3)市場人氣指標看融資餘額：當股市拉回修正一段時間後，融資餘額會進行減肥，在大盤止跌回升初期，由於市場信心不足，融資餘額仍會持續下降，但漲勢趨於明顯時，融資餘額就會穩定上升，代表市場人氣明顯回流，有利股價上漲。

股價上漲告一段落後，開始出現整理壓力，但融資餘額仍會增加，等到股價明顯反轉下跌時，融資餘額就會減少，隨著跌勢加劇，減肥的速度也會加快。

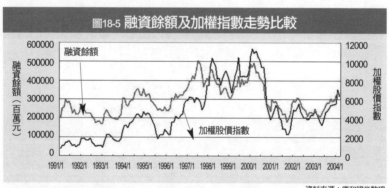

圖18-5 融資餘額及加權指數走勢比較

資料來源：康和證券整理

股價指數基本價值評估

股價指數是否合理，我會以股市總市值占GDP的比值、股市整體股價淨值比、股市整體本益比來評估。

(1)股市總市值占GDP的比值：觀察近年趨勢，股市總市值占

GDP比值的正常波動水準約在0.8倍至1.2倍間,當其修正至0.8倍附近可買進,比值大於1.2倍時,可觀察股價水準是否不合理。

過去台灣過股市總市值占GDP的比值曾高達1.5,但隨著經濟成長率呈現中度成長,GDP每年增幅不大,台灣加權股價指數取樣公司不斷增加,股市總市值不斷膨脹,即使總市值占GDP的比值達1.5倍,股價指數合理水準恐怕不斷降低。

圖18-6 股市總市值占GDP比值走勢

資料來源:康和證券整理

(2)股價淨值比及本益比:隨著台灣股市成熟化,合理的股價淨值比及本益比區間有向下調整現象,2001年以前股價淨值比約在2.2~2.5倍至4~4.3倍間,但2001年後股價淨值比降至1.2~1.4倍至2~2.2倍間,過去的低點變成現在的壓力,我們可在此一區間內判斷股價水準是否合理。

至於股市本益比方面,如以主要成分股獲利水準評估,過去股市

本益比區間約在20～30倍間，後來降至15～20倍間，現在更降至15倍以下，顯示台股本益比有向下調整現象。

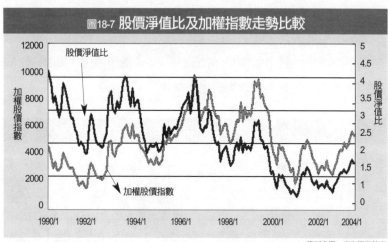

圖18-7 **股價淨值比及加權指數走勢比較**

資料來源：康和證券整理

產業景氣分析

就不同類型產業景氣分析來看，成長型產業、成熟產業及景氣循環股著重點不同，另外也要注意產業淡旺季問題。

（1）成長型產業股允許較高本益比：在分析產業的景氣時，主要考量產業的成長性，成長型的產業股價想像空間較大，享有較高本益比。

如過去PC帶動相關週邊及零組件業績的大幅成長，後來的晶圓代工產業到IC設計、網通、光學到手機零組件、面板及相關零組件等都是成長性電子次產業代表。當成長性的產業步入成熟，股價大概只在合理本益比區間震盪。

目前面板老闆曾紛紛為股價叫屈，因面板龍頭股本益比遠低於晶

圓雙雄，也不及面板相關零組件個股，在股價淨值比方面也不如晶圓雙雄，主要市場將其定義為和DRAM產業相同的景氣循環股，採用相同的評比模式。

不過業者認為，LCD監視器取代CRT監視器，LCD電視在取代傳統電視上有相當大的成長空間，中小型尺寸面板應用範圍漸廣泛，面板產業未來成長性很高，這有待未來加以驗證，一旦脫離景氣循環股限制，面板相關個股本益比可望調高。

(2)景氣循環股則用股價淨值比評估：通常買在高本益比時（業績剛剛好轉時，EPS低），賣在低本益比時（業績達到最高峰時，EPS高）。

原物料股也是景氣循環股的一種，股價波動和原物料價格波動呈正相關，原物料價格不斷上漲，股價就不斷攀升，一旦出現原物料價格持續上漲但股價卻不漲時，表示景氣高峰接近，原物料價格反轉下跌時，股價也會急速下滑。

台灣的原物料價格如塑化、鋼鐵等，特別受到中國大陸景氣榮枯的影響，2004年4月下旬，中國大陸開始對過熱的景氣進行降溫動作，就重創原物料股股價。

(3)注意景氣淡旺季問題：例如第三、四季是電子業旺季，但隨著景氣波動時間變短，淡旺季漸不明顯，但大部分第二季仍是五窮六絕的傳統淡季；塑化業在每年11月至隔年3月是旺季；電機等外銷成長股，在第一季及第四季是旺季。

旺季時股價較易表現，第一季因是年度開始，上市上櫃公司通常會樂觀展望當年度業績，有利股價表現，而每年4月底第一季季報公布，通常是股價面臨業績考驗時期。

個股價值評估分析

在評估個股價值時，除了看其獲利成長性，以股價淨值比及本益比評估合理價值外，題材性也是影響個股股價的因素之一。

(1)以股價淨值比評估合理股價：從價格及價值的角度來看，最好是買進物超所值的股票，即低股價淨值比的股票。2002年電子股重挫時，市場焦點就轉移至低股價淨值比（如股價淨值比小於1）的傳產股、以及大陸投資效益顯現的中概股上。

景氣循環股也是運用股價淨值比來評估合理股價，如力晶近五年來股價淨值比約在0.7倍至3倍間，友達近三年來股價淨值比約在0.75倍至3倍間。

(2)以本益比評估合理股價：2004年4月時力晶及友達以公司公布的財測EPS推估本益比都不到10倍，傳統產業龍頭股如中鋼、陽明也屬景氣循環股，本益比也不到10倍。

至於成長性產業，則本益比會在10倍至15倍間，成長性及毛利率很高，股本又小者，本益比可達20倍，一線股又比二線股享有較高的本益比。

(3)題材性的影響：例如總統大選前，金融股就成為政策做多指標股，航運股、原物料股和中概股股價和大陸景氣及兩岸關係發展息息相關，現在定存利率仍低，高股息個股可能成為除息除權行情的焦點股等。

利多利空消息下的買賣點

第15章提及道氏理論中主要趨勢的三個階段行情特色，在多頭市場的進貨期時，雖然市場氣氛仍悲觀，利空消息不斷，但股市已有

利空不跌現象,通常利空消息是考驗股市底部好機會。

反之,在空頭市場剛開始前的出貨期時,當市場交投仍相當熱絡,投資人仍沉迷在原先股市多頭市場大漲的氣氛中,此時卻常常出現利多消息但股價不漲疲態,這是股市即將反轉的訊號,建議宜謹慎。

總之,在低檔時對利空消息反應鈍化是買點,在高檔時對利多消息反應鈍化是賣點,對類股及個股也相同。

例如友達在2003年10月時二度調高財測,但股價卻漲不上去,後來因市場看壞面板景氣,股價由49.9元向下修正至38.6元。當時三星表示面板價格將大跌,電子產業大老也認為2004年第一季面價格將崩盤,但友達股價卻在利空消息頻傳下,於38.4元至43.3元區間震盪築底後,大漲至2004年4月的79.5元。

事實上,因零組件缺貨,2004年第一季面板價格,非但沒大跌反而上漲,至2004年4~5月價格仍維持平穩,這是利多不漲盤頭下跌、利空不跌築底上漲最好的例子。

重大消息如屬突發性的、過去沒發生過的、實質性很大的,對股市影響自然很大。如1995年中共飛彈危機、1999年李總統的兩國論、921地震、2001年美國911災難事件、2003年4月的SARS疫情等利空消息均重創股市,1996年MSCI指數將台股納入、1999年調高台股指數比重都激勵股市大漲。

因此,如出現突發性、未發生過的實質利空消息,應先賣出持股,等待衝擊減緩再進場,尤其是股市在高檔時更應趕快賣出;如出現未發生過的實質性利多消息時,宜積極買進,特別是在低檔出現重大利多時。

如重大多空消息過去已發生過，也大大地影響股市，未來再出現時，衝擊性將減輕，下跌反而是逢低承接好時機。如2002年美軍轟炸伊拉克、2003年底再出現SARS疫情，因過去已有例子可尋，其影響性可以評估出來，對股市衝擊自然減輕。

當然股市所在位置也是要考慮的，從入行以來，我們常聽說最好等消息面明朗才進場較穩健，問題是股市永遠會受消息面影響，消息面從來沒有明朗過，如果擔心消息面影響最好不要買賣股票，一旦要買賣股票，最好是好好客觀評估多空消息對股市影響，擬定因應策略。

 本章摘要

◎大盤的多空趨勢可以就總體經濟景氣和資金情勢分析來判斷，個股買賣點則從產業景氣、個股價值、業績成長性及題材面著手。

◎以景氣對策信號位置，再配合領先指標的方向，不難掌握股價循環的低檔區及高價區。

◎升息雖不利短期股市表現，但央行開始升息，表示景氣已明顯好轉，無礙中長期股市表現，一般要多次升息後，股市趨勢才會改變。

◎M1B成長率止跌回升，代表資金行情即將發酵，如M1B年增率上升突破M2年增率，股市資金行情更為確認。

◎2001年後股價淨值比降至1.2倍～1.4倍至2倍～2.2倍間，過去的低點變成現在的壓力，我們可在此一區間內判斷股價水準是否合理。

◎當成長性的產業步入成熟，股價大概只在合理本益比區間震盪，景氣循環股則用股價淨值比評估，通常買在高本益比時（業績剛好轉時EPS低），賣在低本益比時（業績達到最高時EPS高）。

買進什麼股票

Part 4

第19章 選股邏輯

我們常聽專家說要買基本面好的股票，但從投資獲利的角度而言，只要是會漲的股票，就是好股票，也就是不管黑貓或白貓，只要是能抓老鼠的貓，就是好貓。然而沒有基本面支撐，只是人為投機的股票，往往是怎麼漲上去，就怎麼跌下來，風險其實是很高的。

選擇轉機的強勢股操作

當然，基本面很清楚，一般投資大眾都知道的績優股，風險很低，但很難有超額利潤，如果能在這兩者間求得平衡，也就是說，具基本面支撐但又帶點投機味道的股票，應該是不錯的選擇。

因此在操作上，我一向偏重選擇中波段或中長波段反彈行情中具轉機或業績成長的領先強勢股。

績優股套牢還有解套機會

如在第1章所提及的，至今我仍然不買進沒本質的投機股，或是本益比上升至太離譜的股票。1988年至1990年2月台股大漲期間（自2241點上漲至12682點），由於籌碼優勢，股市可說是雞犬升天，當時的小型投機股簡直漲到無法無天的地步，完全沒有基本面的道理。

後來很多小型投機股股價紛紛重挫，有的甚至下市，買進這些投機股的投資人大都血本無歸，買進績優股的投資人至少可參加配息配股，長期投資下來成本不斷下降，可能還能獲利。

如在1989至1990年買進台塑、南亞、統一、遠紡、台玻、裕隆、正新、長榮等個股,當時雖買在歷史最高價,目前以權值還原計算,股價大都已創下歷史最高價,中鋼也接近歷史高價。

轉機股、中小型成長股適合積極投資人

所以選擇有基本面的股票至少可穩健獲利,很適合保守穩健型的投資人,不必太費心選股,但需要留意買賣點,以免套在天價區後,要經過很多年才解套。這方面可以配合月技術指標、以及中期或中長期均線找尋買賣點。

對於操作較積極的投資人而言,選擇轉機股(產業轉機或個股體質轉機)及毛利高、產業競爭力強的中小型成長股,應該是最具效率的。

前者常出現在一些景氣循環股上,如塑化、鋼鐵等原物料股及DRAM股,後者則是進行一線拜訪的研究員或投資者最偏好的選股模式。

一般的投資人無法進行一線拜訪,也沒有研究團隊的支援,在競爭態勢上可說是處於弱勢。所幸目前的財經資訊相當普及,投資人只要花點時間及心思做功課,不難掌握產業景氣的轉機時點或個股獲利加速成長點,加上股價趨勢向上,還是可以找到波段上漲潛力股(黑馬股)。

舉個例子來說,2001年底至2002年初,我在自營部操作曾重押明電這檔個股。雖然未深入拜訪公司,但我的理由很簡單,那年明電的三大產品手機、光碟機及LCD監視器景氣都很好,而且面板景氣復甦。

同時，明電轉投資的友達業績看好，明電當年度獲利自然看好，股價又剛在2001年第四季築出中長期底部，股價具上漲潛力。結果，明電在2002年第一季漲幅高達72%，當年度稅後EPS達4.4元，是近五年來最好的成績。

大家都看好的股票也可找出波段操作標的

其實大部分的投信及綜合券商每年都會推出年度看好產業及潛力股，雖然大家都看好的潛力股有時會成為票房毒藥，但只要綜合各家看法整理一下，就可找出景氣看好產業及個股，配合觀察股價多空趨勢（股價趨勢剛轉多或只是在上漲途中，或者是已和中長期均線正乖離很大，股價已在相對高檔區），追蹤財經報紙有關產業訊息報導，自然可找出一些波段操作標的。

基本上，我選股的邏輯除了基本面強勢外，還會綜合考慮股價趨勢的強度及籌碼面的安定度，只要這三方面沒問題，就會列入投資組合中。

 本章摘要

◎在操作上，我一向偏重選擇中波段或中長波段反彈行情中具轉機或業績成長的領先強勢股。

◎保守穩健型的投資人，可主攻有基本面的股票，至少可穩健獲利，不必太費心選股，但需要留意買賣點，以免套在天價區後，要經過很多年才解套。

◎操作較積極的投資人，選擇轉機股（產業轉機或個股體質轉機）及毛利高、產業競爭力強的中小型成長股，應

是最具效率的。由於財經資訊相當普及,投資人只要花點時間及心思做功課,不難掌握產業景氣的轉機時點或個股獲利加速成長點。

◎我選股的邏輯,除了基本面強勢外,還會綜合考慮股價趨勢的強度及籌碼面的安定度,只要這三方面沒問題,就會列入投資組合中。

第20章 如何由基本面選股

在不同階段的行情中，我會運用不同的基本面選股方式，如在波段漲勢相當明顯的行情中，選擇買進各產業龍頭股，在緩漲但個股表現行情中，選擇買進轉機股及中小型獲利成長股。

股市有時流行不同的基本面題材，如2002年傳產股抬頭，低股價淨值比成為市場選股的標準，中國大陸投資效益顯現的中概股也風光一陣子。基本上，選股主要仍以獲利為依歸，再掌握市場的選股風向調整，才能順勢操作爭取獲利。

以下提供6項基本面選股技巧作為參考：

1.在強勁的波段漲勢中選擇龍頭股

在大漲的行情中選股，其實不困難，主要是由總體經濟面及股價趨勢確認為較大規模的中期或中長期漲勢。

尤其是外資買盤主導的行情，即使買進台塑三寶、中鋼、台積電、鴻海、國泰金等龍頭股，耐心持有至波段漲勢末期，投資報酬率可能比在波段行情中頻頻換股操作來得好。最簡單的選股方式，反而能創造不錯的獲利水準。

2.從第一名及最後一名個股著手

當某一產業景氣復甦好轉時，相關個股股價都會反應基本面上漲。就實務上來看，獲利最好的個股及最差的個股漲勢往往是最強勁的。

獲利第一名的個股有基本面支撐，最後一名的個股可能因虧損，

股價先前長期下跌，產生低估現象，目前因產業景氣好轉，可望轉虧為盈，增加不少想像空間，股價波段漲幅有時可能超過第一名的個股，當然如最後無法轉虧為盈，股價將面臨大幅修正。

一般投資人可買進轉機產業中的第一名個股，投機性強的投資人可考慮最後一名個股，但要留意獲利不如預期，或獲利進入高原期時的反轉風險。

以晶圓代工為例，2003年景氣復甦至今，晶圓代工股龍頭台積電在2002年10月觸底反彈，聯電在2003年2月才跟著觸底反彈，而且台積電波段漲幅逾107％，超過聯電的61.5％，但世界先進股價遲至2003年5月才止跌反彈，波段漲幅卻高達377％。

不過一旦景氣反轉向下，半導體二、三線的代工廠往往先被抽單，業績可能明顯衰退，股價也將面臨大幅修正壓力。

3.轉機股及中小型獲利成長股是法人的最愛

轉機股（可能是景氣循環股）由虧轉盈或獲利大躍進時，因想像空間大，股價會出現飆漲走勢，此時本益比呈現不合理的高本益比，主要是已先反應未來的獲利，但隨著獲利題材逐漸強化，股價漲勢漸趨緩，本益比反而下降。

當最好的基本面浮現時（EPS已被市場清楚的預測），股價漸呈現高檔震盪轉為下跌，因股價是反應未來的基本面，如果市場預期未來獲利將較目前下滑，股價會領先下跌，此時本益比會變得很低，投資人往往會覺得本益比已經很低，但股價卻一路下跌，實在不合理。

因此，一般投資人常常可能會出現，在基本面剛好轉、本益比高

時不敢買進，但在基本面太清楚、本益比低時，反而捨不得賣出的矛盾情形。

所以，才會有法人常講景氣循環股要買在高本益比時、賣在低本益比時，2003年至2004年的鋼鐵股及航運股，或2004年的DRAM股走勢就很符合這種特色。

至於高獲利的中小型成長股，每年都有相當大的表現空間，通常為電子產業的零組件或IC設計利基型等公司。

中小型電子成長股，由於毛利高、競爭力高、獲利好，通常會享有較高的本益比，至於本益比可達多高，並無一定標準。如1996年及1997年電子股大漲時，高獲利的中小型電子股本益比曾一度高達30至40倍。

目前因電子龍頭股本益比不斷下降，如台積電過去本益比常常在30倍以上，但2004年本益比區間降在10倍至15倍間，中小型電子股的合理本益比，自然也隨之出現向下修正現象。

目前高本益比水平約降至10倍至15倍間，股價修正至10倍本益比以下，就可注意買進。此外，投資人也可參考其近二、三年的歷史本益比區間，在區間內操作，但中小型成長電子股要特別注意每月營收、獲利及毛利變化。

由於股價享有較高本益比，如股價漲幅大，基本面有疑慮時會快速拉回修正，因此，最好選擇公司透明度較高的個股。

4.價值投資原則

價值投資原則即是以低本益比及低股價淨值比選股。所謂「貴出如糞土、賤取如珠玉」，個股股價被嚴重低估時，也就是買進的好

時機。

　　個股評價可用股利評價模式算出，每股淨值或和同質性的公司比較得出，在股價淨值比於1時或更低時買進，通常出現在傳統產業股及金融股上。特別是過去電子股主導的行情中，電子股占大盤成交量高達七、八成，傳產股及金融股乏人問津，股價愈盤愈低，出現低股價淨值比。

　　但經過10年調整後，傳產股競爭力轉強，獲利提升後，2002年就躍為市場主流，電子股則因產能過度擴充，市場競爭激烈，獲利明顯下滑，部分系統組裝或週邊零組件公司開始傳統化，股價淨值比向下調整，也常見到股價淨值比低於1的個股。

　　電子股中的DRAM及面板個股，市場過去以景氣循環股看待，因此，也以股價淨值比區間來判斷買賣點。過去股價淨值比區間約在0.7至3倍間，一倍以下進入低檔區，2.5倍以上進入高檔區。

　　至於面板是否為景氣循環股，在2004年有些爭議。以友達2004年4月的79.5元高點，本益比約8倍左右，而力晶2004年4月高點39.6元，本益比約7.5倍，兩者本益比相差不大來看，市場對面板是以景氣循環股看待。

　　但某面板研究預測機構曾表示，由於零組件擴充跟不上面板擴產腳步，五年內面板供給都緊繃，應可將其排除在景氣循環股之列，公司派也認同這樣的看法。

　　不過隨著LCD電視需求不如預期，面板廠商將產能轉移至監視器面板生產，以致出現庫存過高現象，廠商只好減產降價消化庫存，面板2004年下半年供過於求的壓力，較原先預估大，外資券商因而紛紛調降面板個股投資評等，股價因而一路向下修正，友達本

益比在2004年8月初已降至5倍以下。

　　雖MSCI（摩根士丹利資本國際公司）陸續將奇美及廣輝列入指數成分股內，除彩晶外，四檔面板股都已列入MSCI指數成分股，面板股在台股地位已不亞於晶圓雙雄。不過面板類股仍難脫景氣循環調整，相較晶圓代工因居全球龍頭地位，台積電本益比尚在10倍以上，面板類股本益比不易和晶圓代工類股相抗衡。

5.第一季通常是反應個股全年預期獲利的買點

　　由於每年初上市櫃公司通常會樂觀展望年度業績，發布較正面的訊息，各大外資證券商、投信及綜合證券商也會針對當年度行情做出預測及選出當年度潛力股，在基本面題材發酵下，元月行情效應都相當明顯。

　　如台股近五年元月行情都相當強勁，年度開始時，往往是買進業績成長股的好時機，等到4月底首季季報公布時，就是檢驗成績單時刻，業績不如預期的個股，股價會大幅向下修正，符合預期或較預期好的公司，則較有續漲空間。

6.留意旺季行情及股市流行什麼基本面題材

　　各產業的旺季來臨前，股價會開始反應旺季行情上漲，如每年11月至2～3月間的塑化行情，電子股第三季進入旺季。

　　至於股市流行什麼基本面題材，如本文前述的低股價淨值題材，和兩岸關係及大陸景氣息息相關的中概股及航運股、鋼鐵股及塑化等原物料股、政策指標金融股、6月至8月的高配息題材等，每個階段流行什麼題材，可由法人的買盤動向加以判斷。

本章摘要

◎在強勁的波段漲勢中選擇龍頭股,耐心持有至波段漲勢末期,最簡單的選股方式,反而創造不錯的獲利水準。

◎一般投資人可買進轉機產業中的第一名個股,投機性強的投資人可考慮最後一名個股,但要留意獲利不如預期,或獲利進入高原期時的反轉風險。

◎目前高本益比水平約降至15倍至20倍間,股價修正至10倍本益比以下,就可注意買進。但中小型成長電子股要特別注意每月營收、獲利及毛利變化。

◎面板及DRAM股過去股價淨值比區間約在0.7至3倍間,一倍以下進入低檔區,2.5倍以上進入高檔區。

◎台股近五年元月行情都相當強勁,年度開始時,往往是買進業績成長股的好時機。

◎留意旺季行情及股市流行什麼基本面題材。

第21章 如何由技術面選股

經過基本面的選股過程，選出轉機股及中小型業績成長股後，再觀察股價趨勢方向、以及技術指標表現強弱、籌碼面穩定情況，選擇中期股價趨勢上揚、技術指標呈現強勢、資券結構穩定的個股，就不難掌握波段上漲潛力大的強勢股。

強勢股形成的技術現象

以下提供技術面選股注意要點：

(1) 首先，先注意日技術指標RSI及9日KD值，是否開始從低檔交叉向上、且脫離20以上，如開口較大，顯示反彈力道較強勁。

(2) 接著短中期均線（10日線、月線及季線）走平、向上形成多頭排列，成交量穩定放大，股價上升角度轉陡（45度角以上或更是陡峭）。

(3) 9日KD值及RSI指標彈過50以上，尤其12日RSI彈上50以上，是強勢的表徵。

(4) 股價和均線乖離拉大，如出現近期以來較大的正乖離情況，顯示股價漲勢更強勁，股價漲多會出現乖離過大的修正走勢。一般而言，拉回守住5日線支撐為超強勢，守住10日線為強勢。通常中小型股容易出現這種強勢修正模式，中大型股一般向10日線或月線修正。

(5) 9日KD值彈上80以上強勢鈍化，6日RSI彈至90呈超強勢，12日RSI也突破80以上，雖然會出現過熱拉回整理，但整理後往往會再攻創新高價，是中途進場，或是逢高出脫持股者，再次進場的

好時機。

（6）上漲過程中成交量不會明顯放大，月均量走平，供需穩定，偶而會出現大量拉回、短線換手整理再上漲。

（7）週指標中，9週KD值如出現突破80以上、且維持80以上強勢的鈍化現象，而且6週RSI出現突破80的強勢，則漲勢可持續較長一段時間。

強勢股操作原則

在選出強勢股之後，如何有效操作，賺到大波段的獲利，以下提供6大操作原則，作為投資人參考：

（1）找出每個中波段或中長波段上漲走勢初期，市場共識的強勢指標類股中漲勢最強勁的個股買進。強勢指標類股可能是轉機類股、業績成長股或是其他題材股，匯集了市場大部分的人氣以及買盤。

（2）上漲初期最強勢的個股，會出現9日KD值交叉向上，且開口放大的走勢，股價以帶量中長紅線突破整理走勢，短中期均線轉為多頭排列助漲，且上揚角度轉陡俏，股價和5日線及10日線距離加寬、乖離明顯拉大。

（3）強勢指標股宜採波段操作，待股價跌破月線，月線反轉向下助跌，週指標出現賣出訊號時再賣。上漲過程中，如和10日線及月線的乖離拉得太大時（例如月線正乖離14％）可短線調節，拉回測試10日線或月線時回補，只要月線呈上揚趨勢，中線持有是最佳策略。

（4）大盤波段漲勢形成時，宜買進最強勢的轉機股或業績股，即

使股價率先創反彈高價個股，仍可追價買進。然而一旦行情進入中空修正走勢，雖有部分強勢股呈現個股表現，但股價反彈至高價區宜調節，因為在行情弱勢時，強勢股能創新高價不多，即使創高價也會拉回。

（5）不要因為強勢股漲多就不敢買進，台股一向有強者恆強特性，只要符合前述提及的基本面及技術面強勢股條件，一旦股價拉回就要勇敢買進，不要買進落後補漲股。因為市場情勢往往是強勢股大漲，落後補漲股卻漲幅有限，但強勢股一旦回跌之後，落後補漲股回跌的速度會更快。

（6）選擇成交較活絡的強勢股，進出都較方便，較冷門的業績成長股，一般人不易掌握基本面變化。市場認同度高的轉機類股及業績成長股，漲幅或許不如冷門業績股，但只要能把握在基本面剛轉好且資訊清楚，在股價最強勁的階段買進，獲利就相當可觀。

強勢股實例說明

每個波段上漲行情中的強勢股很多，這裏我選出2003年至2004年第一季基本面轉機性強，股價線型及技術面符合上述提及強勢股特色的個股，如2004年大賺的面板龍頭股友達、奇美，面板零組件中的獲利成長股力特、聯詠。

金融股中則有獲利佳的台新金，2002年大幅打消呆帳，2003年獲利轉機性強的新光金；以及因BDI散裝航運指數大漲至5000點以上、2003年第四季獲利開始大幅成長的裕民；鋼鐵股則以2004年獲利最好的新光鋼為代表，強勢股範圍涵蓋了電子股、金融股及傳產股。

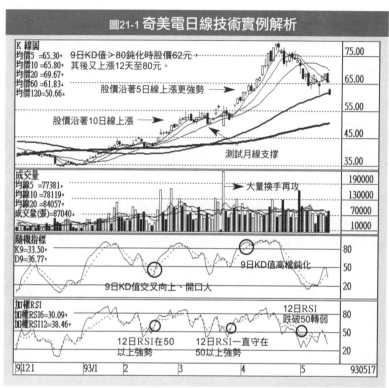

圖21-1 奇美電日線技術實例解析

技術線型提供：大富資訊

從日線來看，只要日技術指標自低檔交叉向上、突破20以上，開口放大，短中期均線上揚角度轉陡，成交量回升，則短中線強勢股態勢漸浮現，12日RSI彈上50以上站穩，幾乎可確定是短中期波段強勢股。

一旦9日KD值彈上80以上鈍化，6日RSI出現彈至90的強勢，更確認是超強勢股，股價大都可持續上漲一段。以奇美、聯詠、新光金及新光鋼而言，即使是在9日KD值出現高檔強勢鈍化時才買進，後市仍有可觀的漲幅。

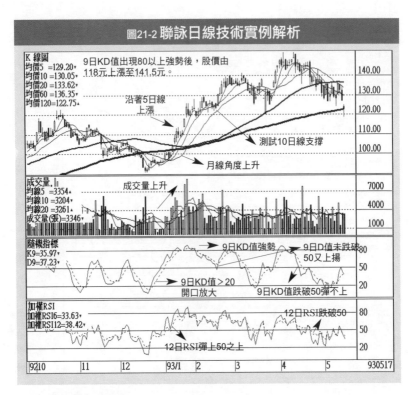

圖21-2 聯詠日線技術實例解析

從週線來看差異不大，只要週技術指標自低檔交叉向上突破20以上，開口放大，中期及中長期均線上揚角度轉陡，中期成交量回升，則中長線強勢股態勢漸浮現，12週RSI彈上50以上站穩，幾乎可確定是中期或中長期波段強勢股。

一旦9週KD值彈上80以上鈍化，6週RSI出現彈至90的強勢，更可確認是超強勢股，股價大都可持續上漲一段。以友達、力特、台新金及裕民來看，即使是在9週KD值出現高檔強勢鈍化時才買進，後市仍有可觀的漲幅。尤其是屬於中小型股的裕民及力特，在9週KD值高檔強勢鈍化後，仍分別大漲214％及115％。

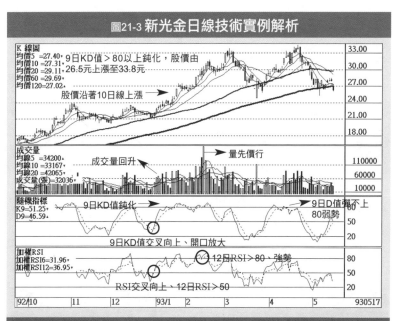

圖21-3 新光金日線技術實例解析

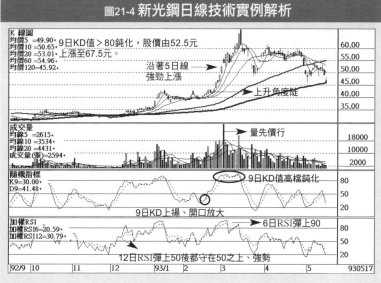

圖21-4 新光鋼日線技術實例解析

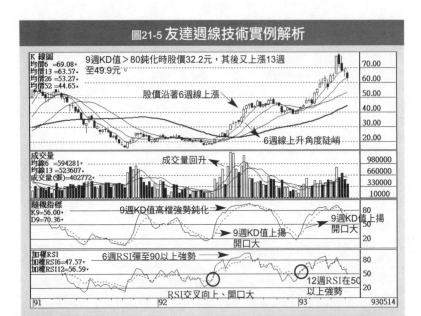

圖21-5 友達週線技術實例解析

K 線圖
均價6 =69.08▼
均價13 =63.57▼
均價26 =53.27▼
均價52 =44.65▼

9週KD值＞80鈍化時股價32.2元，其後又上漲13週
至49.9元。

股價沿著6週線上漲

6週線上升角度陡峭

成交量
均線6 =594281▼
均線13 =523607▼
成交量(張)=402772▼

成交量回升

隨機指標
K9=56.00▼
D9=70.36▼

9週KD值高檔強勢鈍化

9週KD值上揚
開口大

9週KD值上揚
開口大

加權RSI
加權RSI6=47.57▼
加權RSI12=56.59▼

6週RSI彈至90以上強勢

12週RSI在50
以上強勢

RSI交叉向上、開口大

91　92　93　930514

圖21-6 力特週線技術實例解析

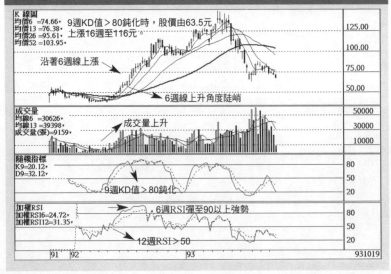

K 線圖
均價6 =74.66▼
均價13 =76.38▼
均價26 =95.61▼
均價52 =103.95▼

9週KD值＞80鈍化時，股價由63.5元
上漲16週至116元。

沿著6週線上漲

6週線上升角度陡峭

成交量
均線6 =30626▼
均線13 =39398▼
成交量(張)=9159▼

成交量上升

隨機指標
K9=20.12▼
D9=32.12▼

9週KD值＞80鈍化

加權RSI
加權RSI6=24.72▼
加權RSI12=31.35▼

6週RSI彈至90以上強勢

12週RSI＞50

91　92　93　931019

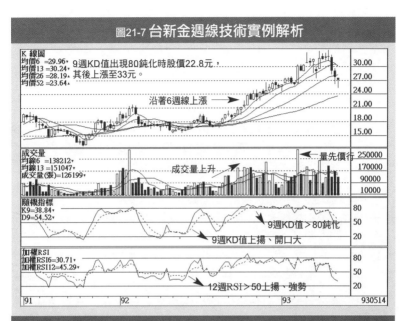

圖21-7 台新金週線技術實例解析

K線圖
均價6 =29.96▾
均價13 =30.24▾
均價26 =28.19▾
均價52 =23.64▴

9週KD值出現80鈍化時股價22.8元，
其後上漲至33元。

沿著6週線上漲 ━━━▶

成交量
均線6 =138212▾
均線13 =151047▾
成交量(張)=126199▾

━━ 量先價行

成交量上升

隨機指標
K9=38.84▾
D9=54.52▾

◀━ 9週KD值＞80鈍化

◀━ 9週KD值上揚、開口大

加權RSI
加權RSI6=30.71▾
加權RSI12=45.29▾

12週RSI＞50上揚、強勢

圖21-8 裕民週線技術實例解析

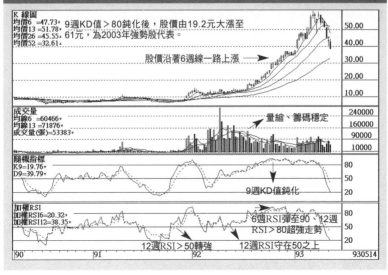

K線圖
均價6 =47.73▾
均價13 =51.78▾
均價26 =45.55▾
均價52 =32.61▾

9週KD值＞80鈍化後，股價由19.2元大漲至
61元，為2003年強勢股代表。

股價沿著6週線一路上漲 ━━━▶

成交量
均線6 =60466▾
均線13 =71876▾
成交量(張)=53383▾

量縮、籌碼穩定

隨機指標
K9=19.76▾
D9=39.79▾

9週KD值鈍化

加權RSI
加權RSI6=20.32▾
加權RSI12=38.35▾

6週RSI彈至90、12週
RSI＞80超強勢

12週RSI＞50轉強   12週RSI守在50之上

本章摘要

◎ 只要日技術指標自低檔交叉向上、突破20以上，開口放大，短中期均線上揚角度轉陡，成交量回升，則短中線強勢股態勢漸浮現，12日RSI彈上50以上站穩，幾乎可確定是短中期波段強勢股。

◎ 股價漲多正乖離過大，拉回守住5日線支撐為超強勢，守住10日線為強勢。通常中小型股易出現這種強勢修正模式，中大型股一般向10日線或月線修正。

◎ 大盤波段漲勢形成時，宜買進最強勢的轉機股或業績股，股價率先創反彈高價個股，仍可追價買進。

◎ 強勢指標股宜採波段操作，待股價跌破月線，月線反轉向下助跌，週指標出現賣出訊號時再賣。

◎ 不要因為強勢股漲多，就不敢買進，同時建議不要買進落後補漲股。

◎ 市場認同度高的轉機類股及業績成長股，漲幅或許不如冷門業績股，但只要能把握在基本面剛轉好且資訊清楚，在股價最強勁的階段買進，獲利就相當可觀。

籌碼面分析

Part 5

第22章 追蹤法人動態找潛力股

股價漲跌主要來自供需變化，過去台灣是以散戶為主的淺碟型市場，市場主力、實戶及業內影響力大，投機色彩濃厚，股價常常暴漲暴跌。在籌碼面穩定與否的判斷上，代表散戶人氣的融資餘額、丙種資金變化及董監大股東持股動態是簡單研判指標。

選股操作應注意的法人動態

隨著台股步入成熟化市場，法人比重不斷提高，如台股納入MSCI指數，權重逐漸調升，外資一路匯入買超台股，持股市值占台股總市場在今年曾高達21～23％，成為最大的買盤來源，外資多空態度自然攸關台股榮枯，買賣類股及個股相當具多空指標性。

投信股票型基金資產規模總額逾3000億元，影響力不如外資，但在明顯換股操作時，對類股及個股股價漲跌頗具影響力，是投資人在選股操作上要注意的法人指標。

綜合證券自營商由於大量發行權證，基於避險需要，每日進出金額往往大於投信，加上每月要實現獲利美化帳面，較無法判斷其多空方向，但自營商短線敏感度較高，在大盤自低檔轉折向上或從高檔轉折向下時，常常會大量買進或賣出，也是投資人可參考方向指標之一。

在類股及個股方面，自營商對類股及個股操作短線助漲助跌力量頗強，波段操作參考性較低。

壽險公司由於可投入股市資金龐大，也是台股相當重要的買盤來

源之一。不過投資人只能從報載得知壽險公司對股市是偏多買進或偏空賣出,無法了解其買賣個股內容。此外,政府基金的買賣情況則是判斷政策多空的指標。

另外,由公司董監事大股東申報轉讓或是實施庫藏股護盤,可看出公司對股價的多空態度。不過上市上櫃公司大股東檯面下的進出很難了解,除非了解公司派在那些證券商進出,一般人不太能清楚知道公司派的動向,有時可從報載中側面了解公司派多空心態,多

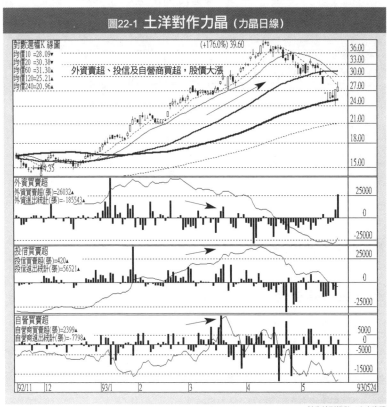

圖22-1 **土洋對作力晶**(力晶日線)

技術線型提供:大富資訊

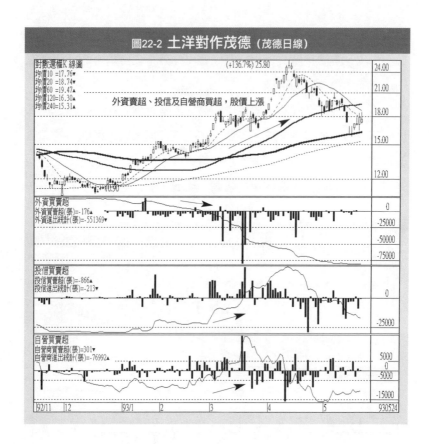

圖22-2 **土洋對作茂德**（茂德日線）

少有助於投資人選股操作。

三大法人同步進出影響股價至鉅

一般我們在判斷個股買盤是否強勁、籌碼面穩定程度，大都從外資、投信及自營商等三大法人進出，再配合資券結構變化上著手。在波段上漲行情中，如外資等三大法人在一段時間內同步買超的個股，應該就是後市看好的潛力股。

如例2003年年底至2004年年初的金融股、2003年年中上漲至2004年3月的航運股、也是2003年年中上漲至5月的面板雙虎、4月分反彈強勁的手機零組件個股綠點及毅嘉、5月分強勁反彈的台達電等等。

反之，如三大法人同步賣出調節的個股，將面臨修正壓力，如2004年4、5月的晶圓雙雄、日月光、矽品、中鋼、陽明等權值股。

土洋對作DRAM股及面板股實例

不過，也有三大法人步調不同的個股，土洋有對作味道，最明顯的為2004年以來當紅的部分DRAM股及面板股。

以力晶而言（圖22-1），外資在17至18元附近開始加碼，投信也同步加碼，自營商僅小幅買進，力晶股價一路攀升至25元附近，由於市場預期DRAM進入淡季，外資開始轉為調節，其間大多數賣出，只有小幅加碼，但投信及自營商則一路買超。

後來由於供給減少，使得DRAM現貨價大漲，加強國內法人加碼信心，雖有外資喊出40元以上目標價，但外資依然調節賣超居多，力晶股價則再從25元漲至39.6元，在37至39元高檔震盪時國內法人才開始賣出，操作表現略勝外資一籌。

至於茂德（圖22-2），外資更是從13至14元一路賣出，投信及自營商則反向一路加碼，茂德股價一路攀升至25.8元；面板股中的彩晶及華映也有相同的現象。

外資明顯買超但國內法人賣超的個股其實並不多，大部分是外資買進MSCI的權值成分股，但國內法人偏重在操作轉機股及中小型業績成長股，操作方向較不一致。

如何參考外資進出找出潛力股或票房毒藥股

就我個人的觀察，外資進出比較具有大盤多空方向參考性。如近幾年來元月份都是外資大幅買超台股，才出現強勁元月效應行情。2003年外資大買台股5,490億元，台股大漲1438點；2004年3月初前持續大買，台股又大漲1245點。

總統大選前，外資開始轉為賣超調節；總統大選後，由於國內政局動盪、美台關係及兩岸關係緊張，外資對台股態度轉趨保守，持續調節賣超。

4月下旬至5月中，因中國大陸進行經濟降溫，以及FED可能提前升息影響，外資轉為大幅調節賣超千餘億元，使得台股反轉急挫而下，外資2004年以來至7月23日止，僅小幅買超台股70億元，較2003年大幅減少。

誠如先前所提外資持股市值今年占台股比重達21～23%左右，其進出對台股的漲跌影響性很大，短期外資如未轉為持續性買超，台股不易強勢反彈。

外資買進不見得是股價上漲保證

外資投資台股向來以MSCI成分股為主，過去外資占台股比重低，許多MSCI權值成分股持股比例低，有相當大的加碼空間，只要外資持續買超MSCI權值股，股價就會大漲。

但現在主要MSCI權值成分股持股比例已高，加上這些個股股本愈來愈大，有的產業景氣或個股業績轉差，外資雖持續買超但已推不動股價上漲，國內法人也不跟進，如晶圓雙雄、鴻海、仁寶、錸

表22-1 **外資2004年元月買超個股至5月底前高點漲幅**

個股	買超張數	漲幅（%）	個股	買超張數	漲幅（%）
友達	349,333	66.0	宏碁	44,729	4.7
中華電	154,268	13.2	遠紡	42,317	32.5
聯電	100,533	11.4	國巨	42,099	37.9
中信金	99,916	9.4	中鋼	35,767	20.0
台塑	91,962	4.5	彰銀	34,802	35.7
台灣大	91,423	7.5	國建	34,031	29.5
矽品	66,814	0	遠百	31,049	12.2
華新	64,270	50.7	長榮航	30,482	32.4
南科	60,242	27.2	健鼎	30,357	13.8
鴻海	59,957	-0.6	萬泰銀	28,444	31.4
台積電	53,295	3.78	統一	27,550	43.2
兆豐金	51,054	18.8	寶來證	26,735	35.2
陽明	50,590	21.4	華碩	25,141	13.8
國泰金	49,513	24.5	統一超	24,774	11.2
正隆	46,317	14.8	淩陽	24,634	12.3

資料來源：康和證券整理

德、中信金等，顯示外資買進不再是股價上漲保證。尤其是股市反彈一段後，此種現象較明顯。

　　股市剛觸底反彈時，外資大幅買超MSCI權值成分股，這些個股大都會跟大盤同步上漲，此時買進外資持股比例較高的權值成分股還能獲利；但上漲一段時間後，再買進外資持股比例高的權值股，獲利的空間就有限。

外資對轉機股及中小型股影響力較大

　　不管是股市在反彈初期或上漲途中，外資積極買進的轉機股或中小型業績成長股，或持股比例較低的新摩根成分股，股價都具有大幅上漲潛力，投資人宜買進。

　　從附表22-1外資在2004年元月分買超前30名個股，從元月底至5月底前最高點漲幅來看，外資持股比例較高的個股，外資雖然加碼

買進，但股價漲幅有限。如聯電、矽品、台積電、鴻海、宏碁及台
塑等，漲幅遠較同期間指數上漲11.9%遜色。

防守型股票中華電及台灣大，表現平平，但買進過去外資持股比
例較低的友達、南科、華新、中鋼、國建、統一、航運及金融股
等，則表現不錯。

投資人常在報章雜誌上看到外資券商或分析師調高或調低個股投

表22-2 MSCI成分股權重表

個股	權重（%）	個股	權重（%）	個股	權重（%）	個股	權重（%）
台積電	12.26	彰銀	1.04	陽明	0.47	華航	0.24
聯電	5.72	光寶科	1.02	聯強	0.44	金寶	0.24
國泰金	4.26	華映	0.98	威盛	0.44	長榮航	0.24
鴻海	3.89	日月光	0.97	中華車	0.44	東聯	0.22
南亞	3.51	旺宏	0.92	英業達	0.44	台玻	0.21
中鋼	3.32	建華金	0.86	力特	0.43	精碟	0.2
兆豐金	3.31	華邦	0.84	技嘉	0.4	飛瑞	0.2
友達	3.1	中環	0.84	亞光	0.39	精業	0.2
台塑	2.74	新光金	0.79	正新	0.36	億豐	0.19
中信金	2.71	大同	0.71	瑞昱	0.36	台苯	0.18
開發金	2.57	台達電	0.7	雅新	0.35	智邦	0.18
華碩	2.39	寶成	0.7	長榮	0.33	聲寶	0.17
聯發科	2.31	矽品	0.61	台泥	0.32	年興	0.17
富邦金	1.91	廣輝	0.61	永豐餘	0.31	福懋	0.16
中華電	1.77	北商銀	0.59	萬海	0.31	中保	0.16
廣達	1.68	遠紡	0.58	亞泥	0.31	華宇	0.14
台化	1.63	統一超	0.56	友訊	0.3	華通	0.14
仁寶	1.62	統一	0.56	燁輝	0.29	巨大	0.13
第一金	1.59	國巨	0.55	微星	0.29	中工	0.13
奇美	1.42	華新	0.54	合勤	0.28	精英	0.12
宏碁	1.41	鍊德	0.52	東元	0.28	士電	0.12
台新金	1.18	復盛	0.52	寶來證	0.27	長興	0.12
明電	1.16	玉山金	0.51	國建	0.25	楠梓電	0.12
華南金	1.16	裕隆	0.49	普立爾	0.25	碧悠	0.12
台灣大	1.12	大立光	0.47	研華	0.24	大陸	0.11

資料截止日期：2004/05/31

表22-3 **外資持股比重高MSCI成分股**

個股	比重（%）	個股	比重（%）
仁寶	60.99	友訊	36.23
中信金	55.67	國巨	36.03
台達電	54.12	統一超	35.96
鴻海	53.76	長榮	35.7
台積電	52.06	台新金	35.35
日月光	51.97	士電	33.54
中保	44.33	中華	33.53
飛瑞	43.91	聯電	33.5
萬海	42.7	億豐	33.27
亞光	40.3	建華金	31.15
寶成	38.75	研華	30.94
矽品	38.1	聯發科	30.33
普立爾	37.48		

資料截止日期：2004/06/14

圖22-3 **外資買賣超對台塑股價影響**（台塑日線）

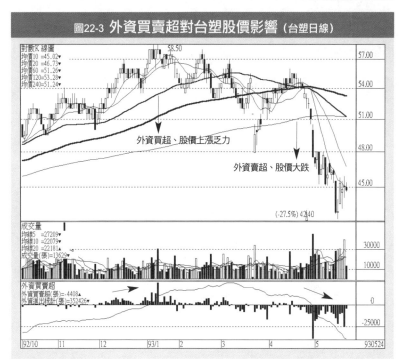

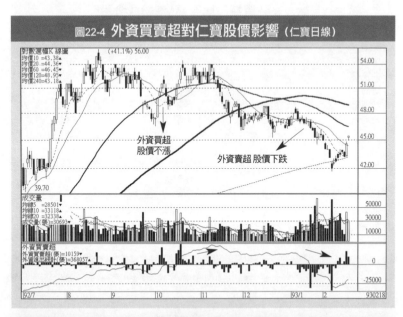

圖22-4 **外資買賣超對仁寶股價影響**（仁寶日線）

外資買超
股價不漲

外資賣超 股價下跌

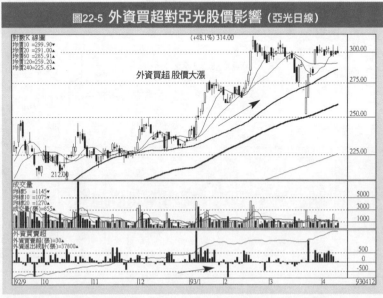

圖22-5 **外資買超對亞光股價影響**（亞光日線）

外資買超 股價大漲

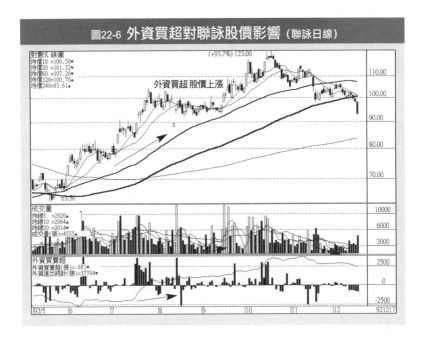

圖22-6 **外資買超對聯詠股價影響**（聯詠日線）

資評等，對股價是否具助漲或助跌效應呢？我的觀察結論是：主要還是看大盤趨勢。

大盤在漲勢中，外資調高個股投資評等時，自然有錦上添花效果，對股價有助漲效應，如2004年前四月表現強勁的面板股；大盤在高檔震盪漸轉弱時，外資調高個股投資評等對股價漸無激勵作用；大盤在跌勢中，外資調降個股投資評等，自然是雪上加霜，對股價有助跌效應，如5月分轉為跌勢的DRAM股及面板股。

不過外資券商調整個股評等也可當成一種進出個股時的參考指標，當外資券商調高投資評等，但股價不漲或轉弱時宜調節；反之，當外資券商調降投資評等，但股價不跌或轉強時宜可留意買進時點。

如何參考投信進出找出潛力股或票房毒藥股

投信進出對大盤方向影響性不如外資重要,但如行情陷入盤整時,投信常常介入中小型業績成長股操作,使得個股表現特色更為明顯。

一般而言,投信通常維持較高的持股比例。依過去經驗,投信持股比例如高於85%以上至90%,加碼空間就有限,行情可能已在高檔,不過投信可能會採取換股操作動作,容易影響類股漲跌。如投信持股比例低於80%以下至75%,大盤可能進入低檔區。

現在投信可放空期指避險,持股比重高低對行情多空方向研判參考性稍降低,但仍是判斷籌碼面是否穩定的指標之一。2004年5月中旬,投信整體不含平衡型基金的持股比例降至83%左右,為中性持股水位。

表22-4 **投信2004年元月分買超個股至5月底前高點的漲幅**

個股	買超張數	漲幅（%）	個股	買超張數	漲幅（%）
奇美電	37,304	90.4	超豐	10,672	17.4
日月光	36,694	1.3	矽統	10,312	7.4
菱生	24,130	9.8	盛餘	10,235	9.8
楠梓電	21,963	5.1	華航	10,116	40.2
新光金	19,712	28.3	亞旭	9,701	1.56
彰銀	16,957	35.7	晶豪科	9,185	88.5
聯電	16,536	11.4	正隆	9,000	14.8
中鋼	16,421	19.4	華泰	8,586	62.0
南科	16,388	27.2	燁輝	7,931	30.0
台塑化	16,266	13.5	廣輝	7,280	87.5
竹商銀	14,225	28.8	集盛	7,138	3.9
華榮電	13,425	34.4	飛宏	6,965	4.12
長榮	12,344	17.6	遠紡	6,897	32.5
友達	12,286	66.0	南紡	6,805	17.3
長榮航	12,217	32.4	中纖	6,804	28.6

資料來源:康和證券整理

投信對類股及個股漲跌影響大

　　基本上，投信如鎖定某一轉機類股（如DRAM及面板股）或中小型電子成長股，當部分投信率先介入，股價也呈強勢上漲，後續投信買盤會不斷湧入，對類股及個股漲跌方向性影響頗大。

　　投資人參考投信進出找尋潛力股時，可選擇累積一段時間（一週至一個月不等）進出，來觀察投信的選股方向。

　　當選股趨勢剛形成，投信持續買進時，宜跟隨買進。但股價大漲一段時間後，投信個股持股比例拉得很高時，基於績效競爭及恐怖平衡考量，投信持股信心尚不致鬆動，但此時已不宜買進投信持股比例很高的個股。

　　一旦基本面進入高峰期，只要有些不如預期的基本面訊息出現，投信就會開始競相殺出持股，股價可能面臨較大幅度修正，投信持股比例高的個股反而成了票房毒藥股。

　　不過當投信大幅調節持股，股價大跌一段後，股價開始止跌，基本面不如預期差時，股價又展開反彈走勢。

　　綜合而言，投信持股比例低的轉機股或中小型業績成長股，只要投信進場點火可以跟進，但持股比例拉太高時，要留意投信已沒有加碼空間，可能轉為調節賣點。

投信選股操作能力不輸外資

　　從表22-4中，投信在2004年元月買超前30名個股，從元月底至5月底前最高點的漲幅來看，整體表現較外資買進前30名個股佳，顯示雖投信資金量不如外資，但在選股操作上並不一定輸外資。

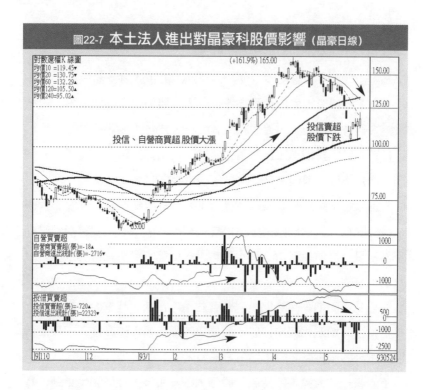

圖22-7 **本土法人進出對晶豪科股價影響**（晶豪日線）

其中以面板股的奇美、廣輝、友達、以及記憶體設計的晶豪科等，表現最強勁，其次為金融股、鋼鐵股及航運類股等，漲幅遠比同期間大盤上漲11.9%出色很多。

上述這些個股大都是轉機性強、獲利佳或具題材性的類股：金融股為選前政策指標，航運類股除貨櫃航運股景氣暢旺外，航空股則有兩岸通航想像題材。

由此可知，在波段漲勢啟動時，跟隨投信買進熱門的轉機類股及題材股也是一種選股方向。

至於有人會注意投信季底或年底作帳標的，依我的經驗只能短線

參考。尤其是年底作帳的標的個股，如某家投信選擇一、二檔中小型股作為拉抬標的，年底前幾天因買盤集中拉抬而上漲，但其他投信隔年大都不會進場抬轎，除非是業績持續大幅成長的中小型股，否則股價只有短期拉抬效果。

投資人可注意績效前幾名投信的主要持股內容，就可大致掌握可能作帳標的，但只宜短線操作。

如何參考自營商進出找出潛力股或票房毒藥股

由於發行權證成為證券公司重要獲利來源之一，大型綜合證券商都發行相當多檔權證。基於避險需要，自營商進出的金額都非常的大，尤其是行情波動劇烈時更為明顯。

如當日指數重挫200至300點，自營商可能出現大幅賣超50～60億現象；反之當日指數大漲，自營商可能大買50～60億元，其中很大部分都是權證避險需要，不容易看出自營商真正的多空意向。但從自營商大買及大賣可看出，行情是呈現強勢大漲或大跌修正趨勢。

因此當大盤由低檔翻升，自營商出現數日大幅買超，則後市看漲機率大；反之，大盤由高檔反轉向下，自營商出現數日大幅賣超，則後市看跌機率大。

在三大法人中，自營商短線調整速度較快，比較偏向短中線操作。如統計一段時間內自營商進出個股，由於包含大量權證避險個股，不易看出選股方向，但一般自營商選股脫離不了轉機股及中小型成長股選股邏輯，特別是盤面的熱門類股或個股。

投資人要注意的是，有許多證券商發行權證的熱門股，容易出現

助漲及助跌的現象，股價波動幅度可能較大，容易影響投資人追高殺低。

📚 本章摘要

◎外資進出比較具有大盤多空方向參考性；投信在明顯換股操作時，對類股及個股股價漲跌頗具影響力；自營商對類股及個股操作短線助漲助跌力量頗強。政府基金的買賣情況則是判斷政策多空的指標。

◎在波段上漲行情中，如外資等三大法人在一段時間內同步買超的個股，應該就是後市看好的潛力股。

◎反彈初期或上漲途中，外資積極買進的轉機股或中小型業績成長股，或持股比例較低的新摩根成分股，股價都具有大幅上漲潛力，投資人宜買進。

◎外資券商調整個股評等也可當成一種進出個股時的參考指標。當外資券商調高投資評等，但股價不漲或轉弱時宜調節；反之，當外資券商調降投資評等，但股價不跌或轉強時，可留意買進時點。

◎當選股趨勢剛形成，投信持續買進時，宜跟隨買進。但股價大漲一段時間後，投信個股持股比例拉得很高時，基於績效競爭及恐怖平衡考量，投信持股信心尚不致鬆動，但此時已不宜買進投信持股比例很高的個股。

◎有許多證券商發行權證的熱門股，容易出現助漲及助跌現象，股價波動幅度可能較大，容易影響投資人去追高殺低。

第23章 由資券結構找尋買賣點

由於國內投資人結構上以散戶、業內主力占大多數，因此融資融券餘額表向來有散戶溫度計之稱。由融資融券餘額表可看出市場多空氣氛，在個股上由資券結構可判斷出籌碼的穩定度，即以法人買盤為主或市場業內及散戶為主。

如法人買進，但融資餘額減少融券餘額持平或增加，可推估個股續漲力道可能強。反之，法人賣出但融資餘額增加，融券餘額減少，可推估個股股價可能易跌難漲。由個股資券結構變化，可看出籌碼穩定度，進而判斷股價續漲力道強弱。

由資券結構看大盤買賣點

原則上在股市上漲初期，由於散戶通常處於半信半疑狀況，誤將回升當做跌深反彈，因此融資餘額反而呈現減少，融券張數則增加，當漲勢漸明朗時融資餘額會逐漸增溫，融券張數也同步上升，表示人氣明顯回升。

此時融資餘額的增幅往往較指數漲幅少，行情可望穩定上漲，但大漲一段後，散戶開始積極投入買進，融資增幅就會大於指數漲幅，而且開始出現連續數日融資餘額大增50～60億元以上情況，融資餘額明顯擴增，融券張數反而減少。

接近漲勢末端時，融資餘額持續增加，融券張數持續減少，指數反轉下跌時，融資餘額還是增加，最後大盤進行跌勢，融資餘額才開始減肥，人氣明顯退潮，通常要經過一段較長時間減肥，或出現融資斷頭現象，才會真正觸底反彈。

因此，如融資餘額經過較大幅度減肥後，大盤反彈時呈現資減券增結構，尤其如外資等法人買超時，是買進時點。反之，行情大漲一段後，開始呈現上漲乏力疲態，但融資餘額持續增加，融券張數減少，呈現資增券減結構，外資等法人賣超時，是賣出時點。

當行情轉為下跌時，融資餘額到底要減肥多少，並無一定的標

圖23-1 加權指數vs資券結構分析（加權指數日線）

技術線型提供：大富資訊

表23-1 指數跌幅vs融資減幅比較

高點至低點	指數跌幅	融資減幅
10328至4555	56%	66.2%
6198至3411	45%	52.6%
6484至3845	40.7%	34.5%
5141至4044	21.3%	26.9%
7135至5280	26%	25%

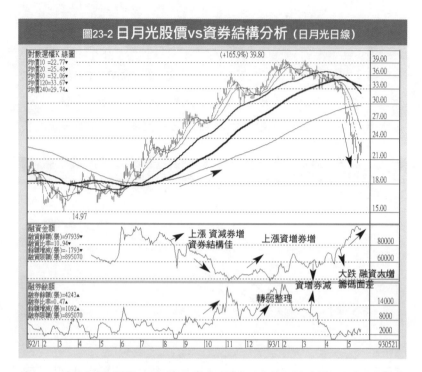

圖23-2 日月光股價vs資券結構分析（日月光日線）

準。一般中波段的修正走勢，融資餘額至少要減肥30%左右；大波段修正走勢，融資餘額減肥幅度可能需達50%～60%。

通常融資減肥幅度會大於指數跌幅，或指數大跌時，融資出現連續數日大減情況，就有利大盤觸底止跌反彈。2004年總統大選爭議造成選後行情大跌，融資餘額在五個交易日內大減近300億元，大盤在6020低點止跌後，很快反彈至6916點，就是最好的例子。

但就整個波段而言，指數由7135高點拉回至5月17日5450低點後反彈，指數反彈至6020點頸線以上遇壓拉回整理，其間由於融資減肥速度太慢，使得大盤遲遲無法觸底。

從附表中23-1可看到近幾次空頭修正走勢，融資餘額其實都有明

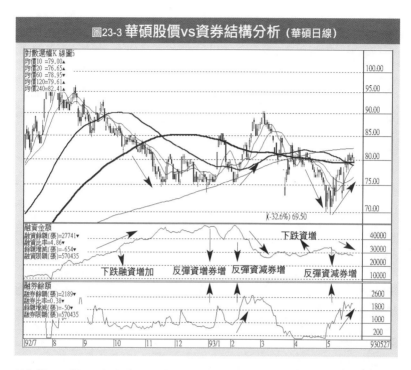

圖23-3 **華碩股價vs資券結構分析**（華碩日線）

顯減肥，進而醞釀強勢的中波或中長波段多頭走勢，但融資減幅大都超過指數跌幅。

2004年起至8月初，融資減肥約25％，漸趨上指數跌幅26％，融資如能進一步減肥將有利大盤觸底反彈。

由資券結構看個股買賣點

至於在個股資券結構方面，大抵和大盤資券結構研判方式差異不大。特別是外資投信積極介入個股，在觸底反彈初期，出現資減券增現象一段時間後，融資張數才會開始明顯增加。

反之，在法人出脫股價下跌時，想趁回檔低接的散戶，會讓融資

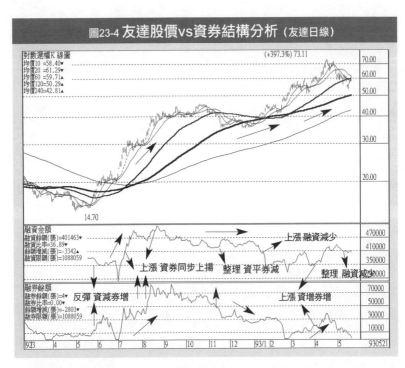

圖23-4 **友達股價vs資券結構分析** (友達日線)

張數反向大增情況，隨後因籌碼面零亂，股價呈現盤跌走低。因此投資人在選股時，除了注意基本面數字，如EPS、本益比及獲利成長性外，籌碼面是否穩定也是很重要的考量因素之一。

一旦外資法人大幅加碼，融資張數反向減少、融券張數增加的個股，上漲機率較大。反之，如外資等法人大幅調節賣出，融資張數反向增加、融券張數減少，或股價盤跌，資券同步下滑，人氣退潮個股，往往需經過一段較長時間整理。以下提供3個判別要點：

(1) 個股股價止跌反彈，呈現資減或資減券增結構，是買進時點：通常出現在熱門股及波段反彈強勢股或指標股上，隨著股價持續上漲，會呈現資增券增人氣活絡結構。

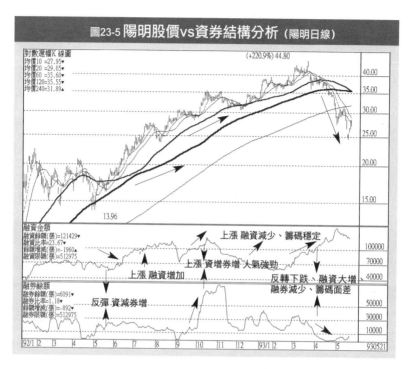

圖23-5 **陽明股價vs資券結構分析**（陽明日線）

過去外資占台股比重不高時，當外資買超台股，多數MSCI主要權值股在反彈初期都會出現資減現象，等到大漲一段後，融資張數才開始增加，表示散戶買進有落後現象。

現在外資持有主要權值股的比例都很高，融資比例反而很低，如台積電的融資比例在2.5%以下，鴻海融資比例也不到3%，中信金也降至3%以下，外資買賣超對股價漲跌影響較大，對融資融券比例研判的意義反而不大。

（2）個股股價大漲後進入高檔震盪，無力再創新高，融資張數持數增加：融資比例很高時是調節時點，除非是人為操縱，融資遭鎖定，融資比例可能達80%或90%以上。

　　一般熱門股或指標股融資比例上升至60%或70%以上，融券張數減少時，籌碼面壓力漸轉重，特別是中大型股，宜提防股價因籌碼面零亂而反轉下跌。

　　(3)券資比高的個股有利股價上漲，但不一定出現軋空走勢：過去個股出現股權爭奪戰時常上演軋空走勢，或產業景氣出現重大轉機，股價暴漲，投資人大量放空，在每年股東會或除息除權前強制回補而出現軋空走勢。

　　但台股市值不斷膨脹後，個股股本逐漸中大型化，軋空走勢較不易見到，中小型業績股及轉機股，或許較可能因券資比高而產生助漲效應，如產業轉機性很強，則可能強化為軋空行情。

📚 本章摘要

◎如融資餘額經過較大幅度減肥後，大盤反彈時呈現資減券增結構，尤其如外資等法人買超時，是買進時點。反之，行情大漲一段後，開始呈現上漲乏力疲態，但融資餘額持續增加，融券張數減少，呈現資增券減結構，外資等法人賣超時，是賣出時點。

◎通常融資減肥幅度會大於指數跌幅，或指數大跌時，融資出現連續數日大減情況，就有利大盤觸底止跌反彈。

◎個股股價止跌反彈，呈現資減或資減券增結構，是買進時點。

◎一般熱門股或指標股融資比例上升至60％或70％以上，融券張數減少時，籌碼面壓力漸轉重，特別是中大型股，宜提防股價因籌碼面零亂而反轉下跌。

◎中大型股較不易見到軋空走勢，中小型業績股及轉機股，如產業轉機性很強，則有利強化為軋空行情。

進出場的策略

Part 6

第24章 擬定進出策略的基本原則

當我們運用基本分析、技術分析或籌碼面分析，預測大盤未來多空方向後，只完成了投資工作的一半，還需要擬定投資策略，然後加以執行才算完成。

基本上，進出的最高指導原則為順勢操作，在不同的市場行情階段中（短線反彈、中期反彈或中長線回升走勢等），採取不同的進出策略。

進出策略宜順勢操作並保持彈性

市場上有很多不同類型的投資人，有的人偏向短線操作、有的人採取波段操作、有的人則是長期持有，個人認為，只要找出一套適合自己操作且能獲利的進出方式，就是好的策略。

現在產業景氣能見度降低，變動快速，台股容易受到國內政治、兩岸關係變化及國際因素影響，股價波動幅度大且快速，投資人有必要將進出策略調整得更為順應大盤趨勢，並保持適度的彈性。

波段操作而非長期死抱

市場常將短線操作定義為投機操作，事實上，投資及投機很難區分清楚。因為投資仍需要考慮時機，如果在不對的時點，買進了績優股，或是獲利達到最高峰的景氣循環股，卻慘遭套牢，然後找一些本益比很低的基本面理由來安慰自己，卻無法改變股價一路下滑的事實，這到底是投資還是投機呢？

　　台灣本身市場規模有限，發展自有品牌有相當困難性，因此在台股掛牌的大都是以OEM或ODM為主的公司，產業競爭激烈且毛利低，很難出現以全球市場為主、獲利穩定成長的百年企業。台塑三寶、中鋼、中華汽車等可稱上是國內獲利穩健的績優股。

　　如在第19章中所言，這些績優股如果採長期投資，即使套牢在高價，經過不斷配息、配股後，還有解套機會。但有很多公司因經營不善下市，即使是業績很好的電子股，也可能因產業環境變化及過度競爭，業績一落千丈。

記取華通、威盛殷鑑

　　以股價曾高達337元的華通來說，該股曾經不可一世，為當時市場相當看好的業績股，但近兩年來因虧損，股價在2004年7月一度跌破10元票面。威盛也是一例，威盛在2000年每股獲利高達11.34元，股價應聲大漲至629元，2003年卻轉為虧損1.3元，股價向下修正，2004年6月甚至跌破30元。

　　如還原權值來看，華通的高價約151元，威盛則為207.5元。如果在1996及1997年間買進華通股票長期投資，持有至151元高價才賣出，投資報酬率高達14倍多。在1999年低檔買進威盛股票長期投資，持有至207.5元高價才賣出者，投資報酬率也達8倍以上。

　　但如果是買在高價區的投資人，恐怕短期間內很難解套，因此在高檔區進行長期投資的風險其實很高。

　　過去DRAM股這種情況更是明顯，如華邦自1998年的23.5元起漲至2000年的106.5元，但2001年卻跌落至9.25元低點；茂德由1999年的25.9元上漲至2000年的151元，但2001年卻大幅跌落至

11.05元。因此,正確掌握波段的進出時機,實在相當重要。

正確掌握波段操作進出時機

前陣子看到報載,國泰人壽表示將改變過去長期投資策略,轉為波段操作方式,應可帶給我們一些操作上的啟示。

1999年台股自5422低點上漲至2000年10393高點,上漲時間為13個月,但大盤指數從10393高點反轉下跌,跌破5422點之後,直洩至3411低點才止跌反彈,下跌時間長達19個月。

之後大盤指數從3411低點上漲至6484高點,上漲時間為7個月,但由高點拉回至3845低點,下跌時間為6個月,再自3845低點上漲至2004年第一季高點7135點,時間為17個月。

可以看出,這幾年來台股波段上漲時間有縮短現象,空頭修正的空間及時間則拉大(1997年之前,多頭漲勢都上漲21個月,空頭修正時間則較多頭上漲時間短),如果在多頭漲勢中未出脫,1999年至2003年中,這三、四年來的股市投資可能是白做工。

進出的三大原則

不過,即使只掌握到這三個波段漲勢中的任一段行情,避開空頭修正走勢,也能有不錯的獲利。因此在擬定進出策略上應有三個原則:第一為順勢操作原則;第二是八分飽原則;第三則是大賺小賠原則。

順勢操作原則,簡單說就是「漲時做多,整理觀望,跌時做空」。在前面幾章中,我們探討了許多掌握多空趨勢的方法,只要經由總體經濟面、資金情勢、國際股市及股價趨勢分析,找出了股

市的方向，就要忠實地按照分析出的多空方向操作。

在漲勢時全力做多，在盤整方向不明時，可降低持股或觀望，待多空方向明朗再動作，在跌勢時做空，或於跌深乖離太大時，搶短線跌深反彈。

至於八分飽原則，雖然去頭去尾，但只要把握每個波段漲勢中最清楚的那段漲勢即可。因為當股市行情由低檔整理向上，且趨勢確認轉多時，已上漲一段，相反地，股市由高檔盤頭向下，當趨勢確認轉空時，已下跌一段，我想很少人可以買到最低點、賣在最高點。反而是由於人性的貪婪及恐懼，很容易買在高點及賣在低點。

至於要做到大賺小賠，就一定要善設停利點及停損點。當股價走勢不如預期時，應停損殺出（如設定7%或10%的停損點），股價走勢如預期且是中多或中長多行情時，要大幅加碼，並且持有至中期或中長期賣出訊號出現時，再執行停利動作，以賺取大波段利潤。

本章摘要

◎投資人有必要將進出策略調整得更為順應大盤趨勢，並保持適度的彈性。

◎由華通、威盛及DRAM股取經，正確掌握波段的進出時機，實在相當重要。

◎1997年以來台股波段上漲時間有縮短現象，空頭修正的空間及時間則拉大，以國壽操作思維改變為啟示─波段操作遠比長期投資佳。

◎擬定進出策略應有三個原則：第一為順勢操作原則；第二是八分飽原則；第三是大賺小賠原則。

第25章 如何設定停損點及停利點

每次進場前，就要先確認你的操作方式是短線、中線或中長線操作，尤其要避免搶短操作不成，反而變成中線套牢的下場，或是中多操作過程中，因短線震盪而離場，也就是進出間應有些準則。

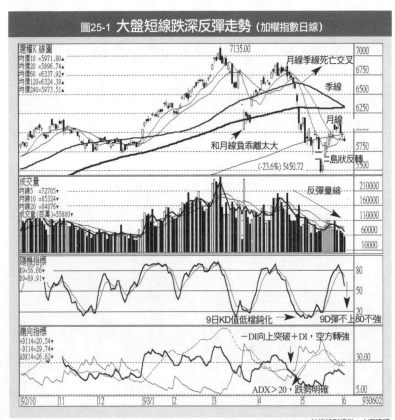

圖25-1 **大盤短線跌深反彈走勢**（加權指數日線）

技術線型提供：大富資訊

短線停損停利以技術面為依歸

短線操作的停損及停利點較能用技術性角度考量，一般短線反彈走勢會出現在中空或中長空修正走勢下，由於跌深，造成加權指數和月線或季線負乖離過大，因而出現短線跌深反彈行情。

至於短線的停利點，在空頭市場搶反彈時，月線或季線在股價的上方，則可設在月線或月線至季線間，因為在月線及季線均走空的行情中，反彈修正走勢不容易突破月線及季線壓力。

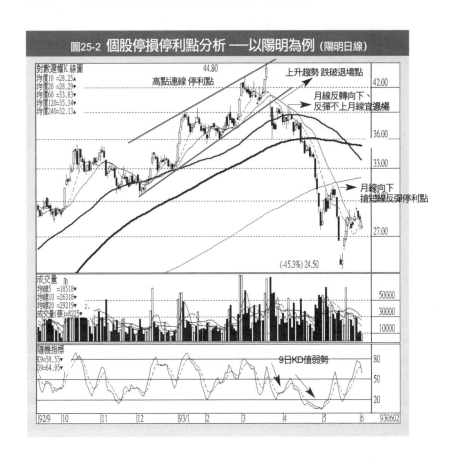

圖25-2 個股停損停利點分析 ──以陽明為例（陽明日線）

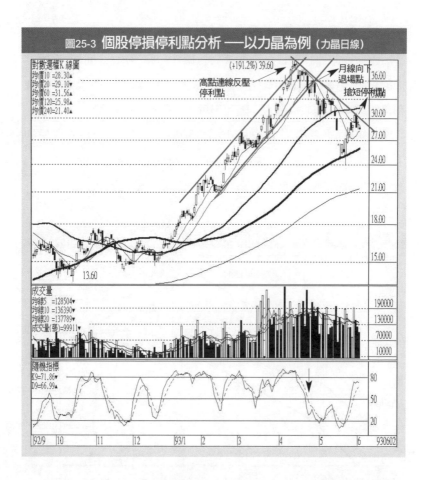

圖25-3 個股停損停利點分析 ——以力晶為例 (力晶日線)

　　但在多頭格局下，進行短線搶短多操作時，則不妨以高點連線所形成的壓力線，做為停利參考位置。

　　至於短線的停損點，在空頭市場搶短線反彈時，股價只反彈至10日線後、就很快拉回跌破前波低點時，顯示走勢相當弱勢，要及時停損殺出，以免虧損擴大。而在多頭市場，跌破上升趨勢線就意味著趨勢有扭轉的可能，先行停損觀望，才是上策。

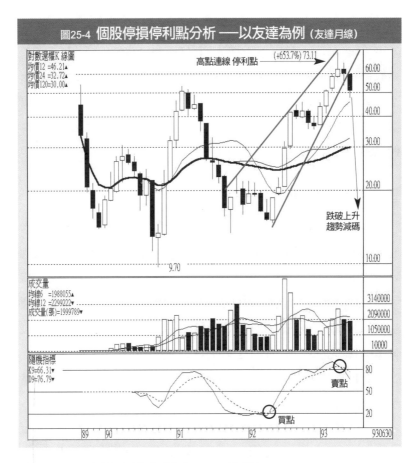

圖25-4 個股停損停利點分析 ——以友達為例 (友達月線)

中線、中長線須綜合基本面及技術面

而中線、中長線進出及設定停損、停利點，可綜合基本面及技術面考量。基本面的考量為在股價的合理區間內進出操作，如本益比區間、股價淨值比區間。

而且傳統產業股及電子股、景氣循環股和業績成長股、產業龍頭的基本面考量都不同。傳統產業中獲利穩健的龍頭股如台塑，本益

比區間約在8倍至12倍間。

電子龍頭股如台積電、鴻海等本益比區間也約在10倍至15倍，二線股本益比區間將下降至8倍至12倍，中小型電子成長股也在10倍至15倍區間，小型且獲利高成長的強勢股可能上升為15倍至20倍間。在操作上可參考依上述本益比區間進出，以本益比區間上限為停利點。

參考股價趨勢運用本益比

基本上，我會建議投資人，運用本益比進出股票時，還是要參考股價趨勢。當股價趨勢剛轉空頭時，雖本益比低，可能會有更低的本益比出現。

股價趨勢轉多，本益比在低檔，是最理想進場點。反之，當股價趨勢仍在多頭上升階段，雖本益比高，可能有更高本益比出現；股價趨勢轉為空頭，本益比不合理時，則要選擇退場。

至於景氣循環股，則不易用本益比來找尋買、賣點，因為景氣循環股通常買在高本益比、賣在低本益比時。

例如中鋼在2001年時每股稅後EPS為0.82元，當年高點21.8元本益比在26.6倍左右，2002年EPS達3.89元，高點24.8元本益比降至6.4倍，以2004年預估稅後EPS約5元計算，高點36元附近，本益比約7倍。中鋼近幾年來股價淨值比約在0.7倍至1.7倍間，即使在1倍至1.5倍間操作獲利也相當可觀。

再如DRAM股和面板股，過去的股價淨值比區間約在0.7倍至3倍間，事實上卻很難在此區間的最低檔買進、在最高檔賣出，比較好的買點應是產業的轉機性開始浮現、個股股價淨值比剛上升至1

以上時，而在整個產業景氣強勁復甦，個股獲利明顯好轉，股價淨值比上升至2.5倍以上時，開始停利賣出，留點空間給別人賺。

獲利較前一、二年明顯好轉的轉機股，在市場預期獲利好轉時，股價往往充滿想像空間一路上漲，但如預期最好的獲利情況已出現，股價反而會回跌，因為期待的事實已實現，已無其他利多可以再期待。

如散裝航運的裕民，第一季因散裝航運指數BDI上升至5000點以上，稅後EPS達2.87元，市場喊出今年EPS可達10元時，股價觸及61元高價後即開始回跌，隨著BDI指數快速下滑，股價第二季一路大跌至34元才止跌反彈。

再如面板的友達，原本市場對第一季景氣有疑慮，但景氣卻比大家預期好很多，股價開始上漲，市場對其年度EPS的預估從3～4元到5～6元不等，隨後喊出8元或10元以上樂觀數字，股價充滿獲利想像空間一路攀升。

後來該公司公布財測為稅後EPS為9.57元，和市場預估10元上下差距不大，股價漲勢鈍化後轉為下跌整理走勢，因此個股基本面最好的情況顯現時，反而應是逢高調節時點。

中線技術面停利停損操作要訣

中線的技術面進場點，一般會以指數突破週線的中期下降趨勢線反壓、9週KD值自低檔交叉向上、月線及月均量走平上揚、12日RSI彈上50以上站穩且趨勢向上、週新價三線翻紅等為訊號，採取波段持有方式操作。

中線操作則可以週K線的高點連線、或形成的上升軌道上限為停

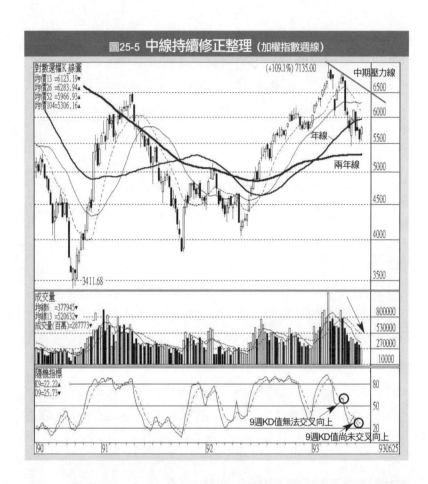

圖25-5 中線持續修正整理（加權指數週線）

利點。特別是這個高點和月線的正乖離又大於7％以上時，此時調節可賣在相對高檔，等待拉回向月線修正時再進場。

如遇到個股和月線的正乖離可能拉大至10～15％時，則再搭配上升軌道或高點連線的上限為停利點。

至於退出時點（可能是停利或停損），則以月線及月均量反轉走低、9週KD值自高檔交叉向下、12日RSI跌落50以下走低、跌破週

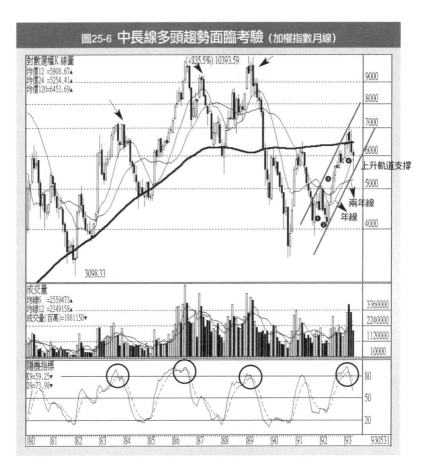

圖25-6 **中長線多頭趨勢面臨考驗**（加權指數月線）

線的中期上升趨勢線支撐、週新價三線翻黑為訊號。

中長線技術面停利停損操作要訣

中長線的進場點，則是由中線反彈強化為更強勢的回升走勢，可以月線的中長期下降線突破、9月KD值自低檔交叉向上、12週RSI突破50站穩向上、以及月線、月均量及季線、季均量形成多頭排列

等為訊號。

中長線操作可以月K線上的高點連線、或上升軌道上限為停利點。至於退場時點，則是9月KD值自高檔交叉向下、週新價三線連續翻中長黑線、12週RSI跌破50向下、指數跌破月K線的上升趨勢支撐等為訊號。

如遇到更長期的空頭修正，則指數會跌破年線且年線反轉向下時，宜做中長線撤出。

以中波段或大波段利潤為操作目標

其實技術性的考量，把握簡單化原則，就能掌握中波段或大波段利潤。如中線在9週KD值在低檔交叉向上且開口擴大，成交量明顯放大時進場；在9週KD值向高檔交叉向下且開口擴大，成交量萎縮時退場賣出。

中長線則在9月KD值向低檔交叉向上、且開口擴大時進場，在9月KD值自高檔交叉向下、且開口擴大時退場。

投資人可觀察近一年來大漲的鋼鐵、航運股、面板及DRAM等轉機性強的類股中的強勢股，如在上述買進訊號出現時進場，在賣出訊號出現時退場，波段利潤有多高。

雖然採取這樣的進出策略，會犧牲掉起漲確認點前及起跌確認點前的利潤，但投資報酬率已是相當可觀。在整個大波段漲勢中頻頻進出，反而可能徒勞無功。

在中線或中長線操作上，停利點及停損點很難劃分清楚，可能有的投資人是在低檔進場要停利出場，有的投資人在高檔套牢要停損出場，我們通稱為退場點。

　　舉凡如跌破中期或中長期均線、中線或中長期均線反轉向下、9週KD值或9月KD值自高檔交叉向下、週新價三線翻中長黑、跌破中期或中長期上升趨勢支撐、跌破重要頸線支撐、密集大量成交區等都可視為退場訊號。

📖 本章摘要

◎每次進場前，就要先確認你的操作方式是短線、中線或中長線操作。

◎短線的停利點可設在月線或月線至季線間，短線的停損點看10日線。

◎中線及中長線停損停利可搭配本益比區間來操作，以本益比區間上限為停利點，惟須參考股價趨勢。

◎DRAM股和面板股比較好的買點，應是產業的轉機性開始浮現、個股股價淨值比剛上升至1以上時。在整個產業景氣強勁復甦，個股獲利明顯好轉，股價淨值比上升至2.5倍以上時，開始停利賣出。

◎中線操作可以週K線的高點連線、或形成的上升軌道上限為停利點。特別是這個高點和月線正乖離又大於7％以上時，此時調節會賣在相對高檔。

◎中長線操作可以月K線上的高點連線、或上升軌道上限為停利點。至於退場時點，則是9月KD值自高檔交叉向下、週新價三線連續翻中長黑線、12週RSI跌破50向下、指數跌破月K線的上升趨勢支撐等為訊號。

第26章 如何判斷利空、利多影響性

在台灣股票市場中投資，除了考量經濟景氣、資金情勢等總體經濟因素、國際股市多空趨勢、外資的多空態度外，兩岸關係及國內政局變動對台股影響很大。

如1995年的台海飛彈危機、1999年李總統的兩國論衝擊、2000年的首次政黨輪替、2002年陳總統的一邊一國論、2004年總統大選前後的美台關係緊張、總統大選後的爭議等政治面因素等。

其他如1997年的亞洲金融風暴、921大地震、2001年的美911恐怖攻擊事件、2003年美伊戰爭等都對台股形成衝擊。

2002年的SARS疫情、1996年MSCI將台股納入，其後逐漸將台股權重調高，1999年政府調降金融營業稅至2%等，都對台股走勢造成重大影響。

然而，危機也是轉機，重大利空衝擊造成股價大跌，往往也是逢低買進獲利的好時機，但前提是不能高檔套牢，否則只有等待解套的份。因此，在重大利多及利空出現時，就要當機立斷動作，才能掌握好的進場及退場時點。以下提供六大判斷原則供投資人參考：

1.未出現過的重大利空先賣再說

通常未曾出現的重大利空都會重創股市，因為市場一時難以評估其衝擊性，因此會引發沉重殺盤賣壓，因此面對未出現過的重大利空時，建議投資人先賣再說。

雖然從重大利空發生後的一段時間來看，股價可能會回復至利空

衝擊前的價位，但如在利空發生時未賣出，很可能在大跌一段後，因忍受不了跌勢而停損賣出在低點，尤其是從事信用交易的投資人可能因遭受融資斷頭壓力，往往在股市反彈前先行自我了斷。

2.當市場可評估出利空的影響性時再跌有限

通常重大利空剛引爆時，市場氣氛相當悲觀，往往過度反應利空的影響性，但隨後開始會理性面對評估，一旦能估計出影響性，股價通常不會再下跌，因為先前可能已超跌反應。

例如1990年波灣戰爭爆發，國際股市全面重挫，台股也大跌，當時有人喊出國際油價可能大漲至100美元，將大大引爆石油危機，但當時國際油價卻彈不過40美元關卡，似乎暗示波灣戰爭衝擊不大，事實上聯軍很快獲得勝利，股價也隨之反彈。

921地震時，由於影響科學園區的台積電、聯電等晶圓廠龍頭電子股，電子股股價紛紛重挫，但電子大廠復原的很快，外資也認為是低價買進台積電的好機會，股價因此快速反彈。

3.重覆發生的利空，衝擊會漸降低

兩岸關係發展、國內朝野互動消息常影響台股漲跌，從1996年的台海飛彈危機，到1999李總統的兩國論衝擊，2000年的首次政黨輪替、2002年陳總統的一邊一國論、2004年總統大選後的美台及兩岸關係緊張、總統大選後的爭議等政治面因素，雖然對股市依然有相當大的影響性，但其衝擊已逐漸降低。

再如SRAS疫情2002年第二季曾重創台股，但2002年底再出現SARS疫情時對股市衝擊就有限，主要是市場認為全球已有處理

SARS疫情經驗，SARS疫情已可控制不致再擴大。

4.重大利空在高檔出現時宜快撤出

如1997年爆發亞洲金融風暴，台股從10256高點急挫至7040點，兩個月內大跌31.3%；1999年李總統的兩國論，台股從8550點大跌，在六日內急挫至7068點，跌幅17.3%。因此，在股市已經大漲一段後，出現重大利空消息時，最好先賣為宜。

5.股市跌久遇重大利空時可加速趕底

當重大利空是出現在股市已下跌修正一段時間後，如遇大盤指數和中期均線的負乖離拉大時為進場時機。1995年台海危機出現在股市自7180高點向下修正的末段，大盤指數下跌至4474低點，和月線負乖離達9.5%，和季線負乖離達18%，當時外資還一路買超台股，大盤也觸底反彈。

基本上，如台海進入戰爭，持有現金及股票沒什麼差別，股市跌幅已深，外資都敢大買，投資人自然也要把握時機。

再如2001年美國發生911恐怖攻擊事件，由於台股已從2000年10393高點長期向下修正，雖然大盤指數再從4176點下跌至3411低點，跌幅仍達18.3%，但也醞釀另一波中長反彈行情。

大盤指數修正至3411低點時，和月線負乖離達17%，和季線負乖離也高達21.7%。一般和月線負乖離達10%以上，和季線負乖離達15%以上，就會出現跌深反彈行情。

因此，當重大利空衝擊股市，和中期均線負乖離拉大時，至少會有跌深反彈行情，重要的是要注意大盤是否觸底反轉向上，掌握進

場時機，尤其是當大盤指數已修正至相對低檔時。

6.出現重大實質利多時宜快買進

股價在低檔盤底整理、或大跌至低點時，如出現重大實質利多時，宜快加碼買進。1996年MCSI指數納入台股，大盤指數從5000點以下盤底後上漲至6624點。

1998年11月股市受到新巨群跳票、國產車違約交割、央票跳票、順大裕違約交割、國揚事件等相繼爆發利空衝擊，大盤指數自7488高點下跌至1999年2月5422低點後，由於政策做多，宣布調降金融營業稅至2%，央行並調降存款準備率、調高整體外資投資單一個股上限至50%等利多，反轉上漲至8710高點，金融股指數大漲63.4%，當時如能當機立斷進場買進金融股，獲利相當可觀。

一般而言，在股市位於相對高檔時出現重大利多的情形，並不常見，而且對股市雖有激勵效用，但效果比不上出現在股市相對低檔時來得強。

本章摘要

◎遇到股市未曾出現過的重大利空，先賣再說。
◎當市場已能評估出重大利空的影響性時，通常再跌空間有限。
◎重覆發生的利空，對股市衝擊性會逐漸降低。
◎重大利空如出現在高檔時，宜快撤出。
◎股市向下修正一段時間，如遇到重大利空出現，可望加速趕底。
◎出現重大的實質性利多時，宜快買進。

第27章 總統大選前後的操作

股市在2004年總統大選後，明顯受到多空消息影響而大幅上下波動。選前一般調查顯示，不管執政黨勝選或泛藍陣營勝選，股市都可望延續原有漲勢，只是執政黨勝選漲幅可能較小，金融股持續看好，泛藍陣營勝選漲幅可能較大，航運股及中概股較看好的差別。不過，選前發生槍擊案事件，選舉結果雙方票數相差不多，泛藍提出選舉無效訴訟，集結群眾至總統府前抗議，引發國內政局動盪。

選後初期，我並未殺低持股

選後股市開盤即無量大跌455點，當時我在自營部操盤的持股部位約在五成至六成間，基於過去重大利空衝擊時，大盤指數和月線負乖離約10%以上，就會出現跌深反彈行情的經驗，由此推測出大盤指數下檔支撐約在6000點附近。

我預估，大盤會反應此一政治利空二至三天，因此在選後第二天大盤指數下跌至6020低點時，我並未殺低持股。隨著政治抗爭逐漸緩和，加上有逾70家以上公司實施庫藏股護盤，股市開始展開反彈行情。

雖然我在自營部操盤持股部位中的航運股股價大幅下跌，因持股較集中在2004年轉機強、獲利看好的面板及DRAM股，這兩大類股股價在選後短線下跌反應後，即持續上漲，創新高價，因此當大盤指數之後反彈至6800點附近，我所負責的自營部獲利已創新高。

這個經驗顯示，在股價急跌後和中期均線負乖離太大時，會出現跌深反彈行情，持股如集中於當年度轉機性、獲利性及股價領導性最強的類股上，非但股價在大盤下跌整理時相對抗跌，大盤反彈時股價往往會一馬當先創高價，即使套牢也能解套。因此在選股操作上，我相當重視在基本面及技術面都是最強勢的領導股。

利多不漲、利空下跌，改採大幅減碼策略

之後，大盤反彈至6900點附近，9週KD值守住50後，一度小幅交叉向上，但因量能不足，且9週KD開口只有0.1，反轉向上的力量頗弱，尚難斷定大盤將再攻高點。

總統大選前，大盤指數在6800點至7135點間套牢相當多的籌碼，當時月均量達1700～1900億元，但總統大選選後反彈月均量只有1400～1500億元。

而且2003年時大買台股近5500億元的外資，在選前及選後因政治因素考量操作態度轉趨保守，使得大盤很難馬上突破重重套牢壓力。且技術指標中的趨向指標DMI，開始出現－DI向上突破＋DI的轉弱訊號。

另一方面，雖晶圓雙雄、面板等指標性電子股的2004年第一季季報，都繳出相當不錯的成績單，對第二季業績也發表樂觀看法，但股市卻出現利多不漲疲態。

而首季獲利稍不理想或預期第二季毛利率下降的個股，如大立光、亞光、聯發科及廣明等股價馬上大跌，國際封測大廠艾克爾（Amkor）調降封測價格，馬上重創台灣封測類股。

個股呈現利多不漲、利空大跌情況，加深我對行情反轉疑慮。因

為股價在高檔利多不漲、利空下跌，是我研判行情慣用的訊號之一。於是我當機立斷，在6700點至6800點附近大幅減碼，降低持股至二至三成。

股市行情後來受到美台關係緊張、中國大陸宏觀調控進行經濟降溫、美國就業情況大幅好轉、市場預期Fed可能加速升息、國際恐怖攻擊事件、國際油價大漲等利空接踵而來影響，大盤指數持續大跌，結果6000點失守。

我所負責的自營商，雖在高檔已降低持股，但仍持有股票部位，面對大盤指數急跌走勢，獲利因而縮水不少。不過，相較於大盤指數跌回至起漲點而言，該自營商的獲利率還算不錯。

股價和基本面嚴重背離時，先減碼再說

另一方面，行政院主計處雖在2004年5月調高2004年經濟成長率預估值為5.41%，而且3、4月分的外銷訂單金額不斷創歷史新高，4月分景氣對策信號連續第五個月亮出黃紅燈，綜合判斷分數上升至37分，領先指標綜合指數達110.3，連續八個月上升，顯示台灣景氣持續擴張。

同時，由於上市公司獲利大幅成長，台灣50成分股第一季獲利成長一倍以上，證券交易所4月底公布的台股本益比，由3月的25.97倍大幅下降至只有16.15倍，5月底持續下降至15.49倍，晶圓代工及面板龍股對第二季營運展望樂觀，基本面情勢可說一片大好，然而股市卻一路重挫，股價和基本面嚴重背離。

儘管大家認為股市這樣的走勢不合理，但4月下旬至5月中旬股價還是一路下跌，中國大陸實施宏觀調控進行經濟降溫、國際油價大

漲、美國可能加速升息、國內政治面紛擾及外資大幅賣超等都是助跌的原因。

但市場憂慮的是，股價大跌是否意謂景氣高峰已至，未來基本面不會比第一季或第二季更好、或有下滑的疑慮。目前尚難判斷景氣復甦力道是否中挫或轉差，但過去常常是基本面不會再更好時，股價已經開始向下修正，等到大跌一段後，才會見到景氣已轉差的具體事實。

因此，盤勢呈現利多不漲、利空下跌弱勢時，就操作的角度而言，應持合理的懷疑態度先減碼因應，再進一步追蹤觀察未來基本面變化，評估是短線的整理或是中長線的轉向，藉以判斷股市中長期多頭趨勢是否轉變，進而調整因應操作策略。

弱勢中遇負乖離擴大，少量搶短以對

技術線型上，大盤跌破6650點至6700點的月線及季線支撐，月線反轉向下跌破季線，形成死亡交叉；9週KD值交叉向下，出現中空訊號；DMI趨向指標在6300點至6400點時，進一步出現ADX突破20向上的強烈反轉訊號。

雖然2004年5月初，指數再度下跌至5850點年線附近，和月線負乖離又拉大至10%以上，由於盤勢很弱，因此我採取進場少量搶短線的跌深反彈策略。

接著出現9日KD值停留在20以下低檔，呈現弱勢鈍化現象，對照2004年年初，9日KD值在80以上出現高檔的強勢鈍化現象時，指數一路攀升創高價的情況，我因而判斷指數可能小彈後將再下跌創低價。

　　果然大盤隨後跌破年線5860點支撐，再創低價，而且受到中國大陸在5月20日總統就職前先發制人，發表517聲明的影響，更急跌至5450點，進一步拉大和月線負乖離至12％以上，和季線負乖離也達16％以上，符合跌深反彈條件。

　　在國安基金決議伺機進場護盤、陳總統就職演說內容符合各方需求，緩和美台及兩岸緊張情勢，大盤跳空上漲強勁反彈，日K線型態更出現島狀反轉型態。

　　由於中期仍未脫離整理格局，操作上，我仍以短線為主，進一步觀察指數能否突破月線、月線能否走平上揚、月均量是否回升、9週KD值交叉向上等中多訊號是否浮現，以調整中期操作策略。一旦符合中期反彈條件出現時，再積極買進，波段操作。

市場永遠是對的

　　經濟景氣成長及資金情勢寬鬆為股市上漲的原動力，但股價趨勢處於不同的階段，基本面推升股價的力道也不同。在股價高檔時（如指數和年線正乖離拉大至30％左右，月技術指標9月KD值在80以上，6月RSI彈至80附近），如出現基本面利多，但股價不漲反跌時，要謹慎以對。

　　我一向認為，基本面雖帶給我們信心，但市場永遠是對的，股價趨勢才是最真實的方向。

　　在早期操盤經驗不足的時候，我常常會忽略股價趨勢已經反轉的事實，不斷用基本面很好來安慰自己，增強持股信心，但股價還是無情的一路下跌，事實上股價並不會因你的期望而停止下跌。

　　隨著操作經驗增加，基本面仍是重要參考指標，但我會依股價趨

勢來調整操作策略，中長多及中多訊號出現時全力加碼做多，快速
建立強勢股部位，中長空及中空訊號出現時，快速減碼進場。

只有在股市中期或中長期轉空前後趕快退場，才有彈性在跌深時
搶反彈操作，否則只會動彈不得，或在市場氣氛最悲觀時無法忍受
而殺低。

未來股價趨勢看法

台股在2004年3月見到7135高點後開始反轉下跌，4月分後，9月
KD值正式從80高檔以上交叉向下，5月分9月KD值持續向下修
正，開口也擴大，顯示中長期空頭壓力轉重，從1994年至今的歷史
走勢中，這通常是股市步入空頭修正的領先訊號。

通常我會搭配年線趨勢來觀察中長期走勢變化，年線在2004年7

表27-1 **台股9月KD值交叉向下，但年線仍上揚的歷史經驗分析**

1994/11	1997/8	2000/4
指數由7228點下跌至5916點，次月9月KD值交叉向下，但大盤遇年線支撐反彈至7180點，但隨後向下跌破年線，年線開始反轉向下，進入中長空走勢。	1997年8月指數由10256點反轉向下，次月9月KD值交叉向下，指數向下跌破年線，下跌至7040低點，由於年線仍上揚，大盤隨即出現4至5個月中級反彈行情，指數反彈至9378點，隨後向下跌破年線，年線開始反轉向下，進入中長空走勢。	2000年4月指數由10328高點反轉向下，9月KD值交叉向下，指數跌至8281低點，小幅跌破年線，但年線仍上揚，大盤反彈至9209點，隨後向下跌破年線，年線開始反轉向下，進入中長空走勢。

月分前尚扣抵5300點以下指數上揚，兩年線則開始扣抵5000點以下指數上揚，在5300點形成低檔支撐，6月分指數跌破年線，但年線還未反轉向下助跌前，多頭尚未全然絕望。

過去台股也常出現過跌破年線一段時間後，再築底反彈的走勢。從表27-1中台股9月KD值交叉向下，但年線仍呈上揚的歷史經驗分析可看出，雖然9月KD值交叉向下，但年線仍呈上揚趨勢時，股價大幅拉回修正之後，仍會再出現級數較強的中級反彈行情。

反之，如果9月KD值交叉向下，同時指數跌破年線，且年線反轉向下助跌時，大盤就會進入較長時間的空頭修正走勢。

2004年5月下旬，台股在5450低點反彈後，進入兩個多月三角形整理，雖9週KD值一度交叉向上，但開口很小，成交量又一路萎縮，不易出現太強勢的反彈行情。

由於三角形整理向有迷惑三角形之稱，也就是說中期多空趨勢未明，使得多空操作兩難，此時最好保持低持股或觀望，等待趨勢較明朗時再動作。

2004年7月中旬，由於晶圓代工及面板等龍頭股，因產業面利空不斷影響而重挫，電子指數不斷走低破底，連帶也拖累金融股補跌，大盤向下跌破三角形整理支撐5600點，9週KD值再度交叉向下，持續中空整理走勢。

雖然中期又出現測底壓力，但5300點以下支撐漸轉強，兩年線位置約在5300點附近；修正4044低點至7135高點漲幅黃金切割率0.618滿足點在5224點。

2003年年初指數高點在5141點，而6020點頸線至7135點及6916點兩高點所形成的M頭型態，跌幅滿足點在4900點至5100點間，

加上週指標9週KD值在6月中旬已修正至低檔，漸有中期跌深反彈機會。

　惟在年線6020點以上為總統大選前後所形成套牢壓力區，十年線走低至6450點附近，短期要突破不易。至於中長期走勢發展，基本上仍是整理調整階段，未來要觀察大盤能否彈上年線、以及年線是否維持上升趨勢或反轉向下、9月KD值能否交叉向上而定。

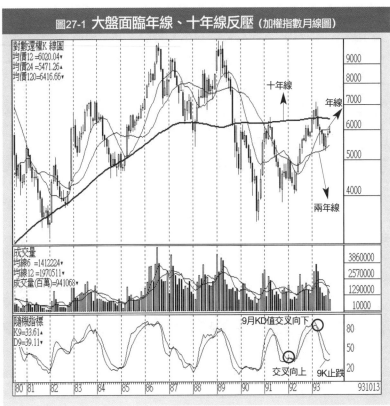

圖27-1 大盤面臨年線、十年線反壓（加權指數月線圖）

技術線型提供：大富資訊

255

股市高點會領先景氣高峰到頂

從景氣循環來看，也有向下調整趨勢，6月分台灣景氣對策信號由紅燈降為黃紅燈，領先指標連續兩個月下滑，領先指標及同時指標同步下滑，顯示景氣高峰已過，經濟成長力道趨緩。

由表27-2來看，第八次至第十次景氣循環及股市高低點分析，股市高點通常領先景氣高峰四個月才出現來看，7135點可能是此波股價循環高點，目前正進行股價修正調整走勢。以過去9月KD值交向下後的調整時間推估，調整時間少則10個月，慢則17至18個月。當然股價不會一路向下修正，其間也會有中期跌深反彈走勢。

8月下旬後，台股在美股反彈激勵及外資又轉為積極買超下，出現中期反彈行情，指數在5255低點止跌反彈向年線修正，但仍無力突破6200～6400點套牢壓力區，大方向仍持續中長期整理走勢。

至於中長期股價趨勢何時再向上，除留意全球及台灣景氣循環變化外，9月KD值修正至低檔轉折交叉向上、成交量放大可作為重要參考指標，一旦出現中長期買進訊號，可進場買進強勢類股，積極操作。

不過2004年較特別的是大盤因電子股弱勢，9月KD值持續向下修正，但塑膠類股指數及鋼鐵類股指數9月KD值分別在8月分及9

表27-2 台灣景氣循環及股市高低點歷史比較

循環次序	景氣谷底	股市低點	景氣高峰	股市高點
第8次	1990年8月	1990年10月2485點	1995年2月	1994年10月7228點
第9次	1996年3月	1995年8月4474點	1997年12月	1997年8月10256點
第10次	1998年12月	1999年2月5422點	2000年1月	2000年2月10393點
第11次	2001年5月	2001年9月3411點	?	2004年3月7135點

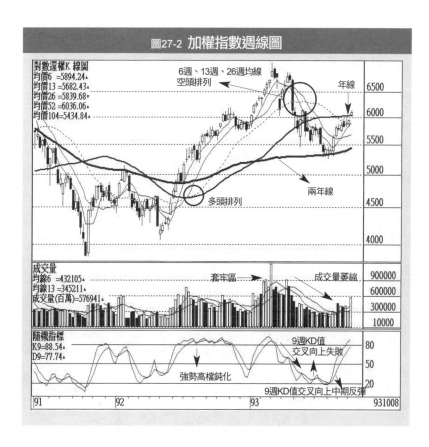

圖27-2 加權指數週線圖

對數還權K線圖
均價6 =5894.24▲
均價13 =5682.43▼
均價26 =5839.68▼
均價52 =6036.06▲
均價104=5434.84▲

6週、13週、26週均線
空頭排列

年線

6500
6000
5500
5000
4500
4000

多頭排列

兩年線

成交量
均線6 =432105▲
均線13 =345211▲
成交量(百萬)=576941▲

套牢區

成交量萎縮

900000
600000
300000
10000

隨機指標
K9=88.54▲
D9=77.74▲

9週KD值
交叉向上失敗

80
50
20

強勢高檔鈍化

9週KD值交叉向上中期反彈

91   92   93   931008

月分率先交叉向上，運輸、金融類股指數9月KD值也漸轉強，但電子股指數9月KD值仍向下修正中，傳產類股股價趨勢呈相對強勢。

但10月中旬國際非鐵金屬價格大跌，中共有意降低原物料需求，進行經濟降溫，使得傳產類股股價再度反轉重挫，只有金融類股因政策利多激勵呈現強勢，未來投資朋友可觀察哪些類股可維持9月KD及中長期均線上升趨勢，以掌握類股輪漲方向。

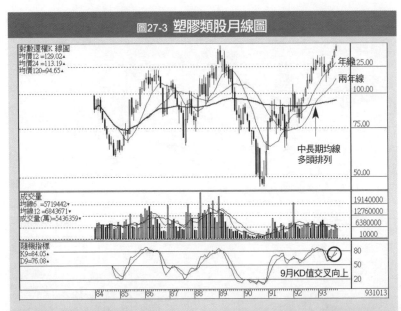

圖27-3 塑膠類股月線圖

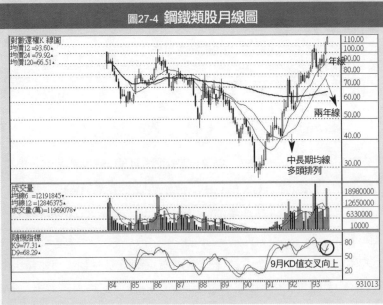

圖27-4 鋼鐵類股月線圖

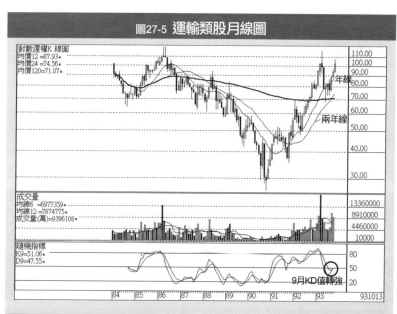

圖27-5 運輸類股月線圖

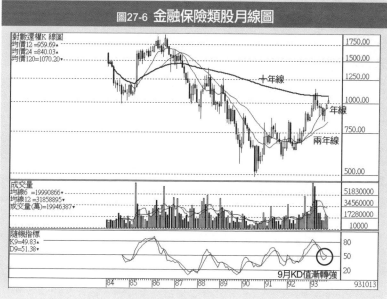

圖27-6 金融保險類股月線圖

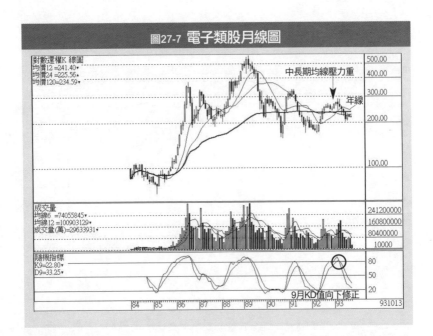

圖27-7 電子類股月線圖

📖 **本章摘要**

◎經驗顯示，在股價急跌後和中期均線負乖離太大時，會出現跌深反彈行情，持股如集中於當年度轉機性、獲利性及股價領導性最強的類股上，非但股價在大盤下跌整理時相對抗跌，大盤反彈時股價往往會一馬當先創高價，即使套牢也能解套。

◎選後初期並未殺低持股；隨著指數反彈至6800點，我操作的自營商獲利已創新高。

◎之後，個股利多不漲、利空大跌，加深我對行情反轉疑慮。於是我當機立斷，在6700點至6800點附近大幅減碼，降低持股至二至三成。之後，在盤勢未脫整理格局前，我因此以少量搶短

◎基本面雖然帶給我們信心，但市場永遠是對的，股價趨

勢才是最真實的方向。股價並不會因你的期望而去停止下跌。

◎隨著操作經驗增加，基本面仍是重要參考指標，但我會依股價趨勢來調整操作策略，中長多及中多訊號出現時全力加碼做多，快速建立強勢股部位，中長空及中空訊號出現時，快速減碼進場。

◎歷史經驗分析可看出，雖9月KD值交叉向下，但年線仍呈上揚趨勢時，股價大幅拉回修正後，仍會再出現級數較強的中級反彈行情。

◎中長期股價趨勢何時再向上，除留意全球及台灣景氣循環變化外，9月KD值修正至低檔轉折交叉向上，成交量放大可作為重要參考指標，一旦出現中長期買進訊號，可進場買進強勢類股積極操作。

技術分析的迷思

第28章 技術分析的七大盲點

所有的分析方法都有盲點，基本分析最常出現的盲點是：本益比這麼低了，為什麼不能買進？如果從第18章介紹的景氣循環股應買在高本益比時、賣在低本益比時的進出特性，投資人如無法意識到基本面最好的情況已出現，執著於買進低本益比的景氣循環股，可能會愈套愈深。

我初進股市時，以財務結構佳的績優股為買進標的，忽略了當時股市的氣勢及主流類股，也是陷入基本分析投資的盲點。

盲點來自人性的弱點

技術分析也不例外，但是盲點的產生，其實很多是來自對技術分析不了解，較無實務運用的經驗，因而缺乏信念，或者是投資情緒控管的問題、貪婪及畏懼心作祟，使得自己無法理性地做出正確的投資決策。

例如技術線型及指標已出現明顯賣出訊號，但內心還是期待股價會上漲，而不停利或停損賣出，等到大跌一段，忍受不了時才壯士斷腕賣出，此時股價反而止跌、強勁反彈。

或者是在技術線型或指標已出現明顯買進訊號，投資人卻因為基本面訊息仍混沌不明，內心卻怕風險太大，瞻前顧後不敢買進，等到基本面利多消息明朗化後，才後知後覺的追價買進，但此時股價因已上漲一段，出現漲多拉回整理走勢，短線追價反而會遭套牢而進退不得。這就是因為自己的期望及心理因素影響而出現投資決策

上的盲點。

克服盲點須反覆測試及學習

技術分析本身的訊號沒錯，反而是使用者加入太多的情緒，而無法理性進行投資判斷，重複太多相同的動作常常遭致損失，往往會使我們對投資股票失去信心，一定要克服此種心理障礙，投資才能成功，有點像古代學習某些功夫時，往往差那麼一點就可達到高深境界。

這是需要學習的，個人認為，經過不斷的測試，加以修正和調整，找出操作準則後確實執行，應可漸克服一些技術分析及操作上的盲點。

我認為技術分析方法是有用的，但無可避免的，它還是有思考上及使用上的盲點。所謂「盡信書不如無書」，使用者的經驗及彈性對投資決策還是很重要的。

我將技術分析視為綜合研判股市行情方法中的一種方法，有時候技術分析所占的比重大，有時候占的比重較小，儘量以理性角度來分析，以減少技術分析上的盲點。

拆解技術分析常見的盲點

以下提供七大常見的技術分析盲點，作為投資人自我分析、改進操作技術的參考。

（1）技術分析很容易上手

很多方法不懂時認為容易，了解後反而覺得因難。例如我常聽到一些沒有投資經驗的朋友說，股票投資很容易，只要跌到低低時就

買進，漲到高高時就賣出，說穿了就是低進高出，問題是，什麼是低點？什麼是高點？如何確定呢？

買賣股票是否容易獲利，應是如人飲水冷暖自知，技術分析方法其實是易懂難精，初學者買了幾本技術分析書籍看看，不難了解K線、型態、價量及技術指標的意義及用法，但實際運用至投資股票上後才會知道不如想像中容易，要精通且有成果顯現，其實需要不斷的試驗和修正調整的。

（2）K線可以反應一切

K線是多空交戰的結果，可反應出多空力道強弱及未來方向。但問題是，如同投資人可能每天對報載的個股利多或利空消息解讀不同，同樣的K線或型態，每個人的解讀可能不同，投資結果自然有所差異。

對K線的研究是否夠深入，也是重點所在。一般人使用K線投資可能都有盲點，或許在市場聽說某些已達『線仙』境界的大師級人物才有如此功力吧。

（3）太相信技術分析

沒有什麼分析可以完全正確的，過於拘泥於某些技術指標訊號，可能就有使用上的盲點。

例如，在波浪理論中的五波段上漲中，第四波整理後會進行第五波漲勢，但也可能會是失敗的第五波，如果一直執著於第五波漲勢，而忽略了其他K線及技術指標已經轉弱的事實，可能會在高檔套牢。

反之，在跌勢中也可能出現失敗的第五波下跌，如一直等待再創低點的第五波下跌，忽略了其他K線及技術指標已經轉強的事實，

可能會錯失低檔買點。

我通常會以K線、價量及自己信賴的技術指標進行綜合分析研判，當行情和我的研判不同時，彈性調整進出策略，畢竟預測很難百分之百正確，有必要隨勢進行策略調整。

（4）技術分析可以相信嗎？

很多學院派的投資人認為技術分析方法是不入流的，根本不相信技術分析。其實基本分析及技術分析各有所長，精通其中一項，投資股市都可成功。

我常跟人說，少林寺的內功可以造就高深的武功，華山派的劍術一樣可練就絕世武功，當然最好是內外兼備，最怕是一知半解。如果你對技術分析方法半信半疑，投資決策常出錯，自然覺得技術分析沒有用。

（5）大家相信的就不準了

有人覺得太多人都使用的技術分析方法，預測的準確性就會降低；也有人自己獨創一些技術指標方法，在我看來都是沒有必要的。技術指標基本上都是在衡量多空力道的轉變，以及多空力道的強弱，掌握一些大原則及股價趨勢即可，重點應在操作策略的擬定及執行。

（6）過於機械化解讀技術分析

即利用某些技術指標予以程式化後，採取人工智慧操作方式，也就是說當程式出現買進訊號時買進，在出現賣出訊號時賣出，不加入太多人為的判斷，問題是有些技術現象還是需要人為判斷的。

例如9日KD值高檔強勢鈍化、或低檔弱勢鈍化時，6日RSI彈上80以上、甚至達90以上、或跌至20以下、甚至跌破10以下時，對

股價趨勢的研判，較無法用機械化原則去判斷，個人的經驗及判斷反而很重要。

（7）技術分析方法是短線的、投機的

很多人會將自己買賣股票的行為美化為投資，其實大部分買賣股票都是投機行為，因為投資還是要看時機的，技術分析只是一種幫助獲利的方法，況且它不只是短線進出而已，一樣可以用中期或中長期均線、週指標或月指標，進行中線或中長線買進，賺取較大波段利潤。

📚 **本章摘要**

◎個人認為，經過不斷的測試，加以修正和調整，找出操作準則後確實執行，應可漸克服一些技術分析及操作上的盲點。

◎我將技術分析視為綜合研判股市行情方法中的一種方法，有時候技術分析所占的比重大，有時候占的比重較小，建議你儘量以理性角度來分析，以減少技術分析上的盲點。

◎技術分析常見的盲點：技術分析很容易上手、K線可以反應一切、太相信技術分析、技術分析可以相信嗎？大家相信的就不準了、過於機械化解讀技術分析、技術分析方法是短線的、投機的。

第29章 技術分析經驗談

在學習及運用技術分析的過程中，我體會出一些心得，它對投資判斷及操作有實用價值。我將很多研究及操盤心得注入本書的中心思想中，希望對讀者在分析預測及操作上有所幫助，最後我再強調一些分析及操作原則：

1.分析所有資訊，仔細思考 理性做出投資決策，大膽下注

正確的分析及投資觀念應是觀察現有的股市情況，針對基本面或技術面資料分析，不要加入太多自己主觀的期望，以冷靜客觀的態度做出判斷及擬定投資決策，但最重要的是要有下注的勇氣，再好的投資決策如果沒有執行，成果還是歸零，既然已是深思熟慮後的決策，就要果斷地去執行，才能掌握獲利機會。

2.至少要做個後知後覺者

任何的投資方法如果沒有把握對的進場時機，無法掌握獲利契機，最理想的投資者是能掌握大局，在空頭市場的末期進場，在多頭市場的末期出場，但這大都是屬於先知先覺者才做得到。

我們至少要在多頭市場確認訊號出現、基本面利空鈍化、利多題材逐漸表面化時進場，在空頭市場確認訊號出現、基本面利多鈍化、利空題材漸表面化時出場。雖屬後知後覺的投資者，但投資報酬率已不錯，不要成為永遠晚一步的後知後覺者。

3.面對現實

我們必需體認市場永遠是對的,不要認為市場會因為你的期望而改變,或者你能去改變市場的趨勢。

我進入證券行業這麼久,看到很多叱吒一時的主力從股市畢業,也有許多短期間績效好的基金經理人,自大到認為自己的看法可以改變市場的方向,但卻事與願違。

即使是政府干預股市的效果也是短期的,無法改變中長期的趨勢,只有順勢操作才能獲利。

4.賺取誠實報酬率

貪婪及恐懼是我們在股市中投資要面對最大的敵人。恐懼會使我們失去機會,貪婪則會使我們對股價充滿幻想,去相信第四台分析師誇大不實的廣告;試想如果這些人這麼精準及神奇,不曉得賺了幾億元了,根本不需要出來拋頭露面。

我們應該務實地研究及分析,找出一套進出準則,賺取誠實報酬率,不要幻想要一夜致富。我的同事曾說過一句話—「買賣股票如果那麼容易,那每個人都是有錢人;如同高爾夫球如那麼好打,那每個人都是老虎伍茲了。」真是一點兒也沒錯。

5.保有操作彈性

股票分析預測及操作不宜一成不變,不要過於堅持己見,當行情不如預期時,宜調整自己的操作策略。尤其是台股,容易受到相當多因素影響,漲跌速度很快,我們應變的速度也要快且保持彈性,才能順勢操作獲利。

6.注重例外及鈍化現象

技術指標在一般正常的範圍內波動不須在意,如一般RSI及9日KD值操作原則告訴我們:在20以下超賣區逢低買進,在80以上超買區賣出。

然而,實際上,指標向下修正至20以下的行情是較弱勢,並不適合買進,指標向上攀升至80以上的行情是較強勢,持股宜續抱;指標在低檔弱勢鈍化個股,反彈宜調節,指標在高檔強勢鈍化個股,拉回宜買進。

此外,特別強勢或特別弱勢的情況發生時,則要特別留意,如9週KD值開口很大,上升或下跌的角度很陡俏等。

我常觀察一些中長線技術指標是否出現較強勢及弱勢情況,如6月RSI突破近幾年來高點,或跌破近幾年來的低點,都是漲勢特別強勁或跌勢特別強勁的訊號。

如果能注意到近幾年較沒出現的技術訊號,較能掌握級數較大的波段漲勢,或避開較劇烈的波段跌勢。例如,中鋼股價在1994年至2001年間走勢都相當牛皮,但在2002年後卻有明顯改變。

以中鋼權值還原的月線圖來說,股價從1999年9月的17.07元高價拉回整理後,一直到2001年9月始在8.35元止跌,其間的反彈走勢,月技術指標表現都很弱勢,但股價後來反彈至2002年2月的14.37元,6月RSI創下1999年9月以來新高,達74.02,9月KD值也交叉向上突破50以上,並築出W底,中長線技術面明顯轉強,表示股價可能展開較強的中長期波段漲勢。

中鋼股價後來雖從2002年2月拉回進行中段整理,但6月RSI只拉

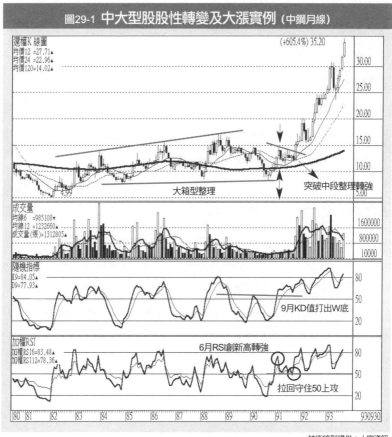

圖29-1 **中大型股股性轉變及大漲實例 (中鋼月線)**

技術線型提供：大富資訊

回至50附近即又轉折向上，是強勢整理表現；同年10月，中鋼股價
拉出帶量中長紅，突破14.37元以下中段盤局，開始展開波段漲勢
至2004年3月，股價大漲至35.3元，漲幅相當可觀。

其他例子如中華汽車，股價在2002年3月轉強，6月RSI創下近三
年七個月來最高值55.67，中長期走勢轉強下，股價從25.4元一路

漲至2003年1月的75.5元，也是相當典型的中大型股股性轉變、大漲的例子。

7.練習！不斷地練習！

投資股票要成功，不僅只是基本分析或技術分析這些技巧上的問題而已，必須經過不斷的磨練與陶冶自己的知識及心志，得到更深的體會與信念，而且要不斷的溫故知新。

我讀過的一本書中，在結尾提到一個古老的故事：故事的內容是在紐約，有個剛上完提琴課的小男孩，準備到美國著名的表演中心卡內基中心附近等他父親接他回家，但是他迷路了，急忙問一個路人卡內基中心要怎麼走。路人看著抱緊提琴盒的小男孩，回答他說：「練習！孩子，就是練習！」

我對操盤的工作抱持著永不屈服的態度，隨著經驗的累積及體會，我會務實地去面對挫折，無論在得意及失意的時候，都不忘記認真的本質。

被美國商業周刊評選為最佳創業家的鴻海精密工業董事長郭台銘先生曾說：「成功的人找方法，失敗的人找理由」，一般人想要在股市投資獲利雖不容易，但不斷努力練習，找出方法的人一定可以得到應有的報償。

 本章摘要
　◎分析所有的資訊，仔細思考，理性做出投資決策，大膽下注。

◎至少要在多頭市場確認訊號出現、基本面利空鈍化、利多題材逐漸表面化時進場，在空頭市場確認訊號出現、基本面利多鈍化、利空題材漸表面化時出場。

◎股票分析預測及操作不宜一成不變，不要過於堅持己見，當行情不如預期時，宜調整自己的操作策略。

◎如果能注意到近幾年較沒出現的技術訊號，較能掌握級數較大的波段漲勢，或避開較劇烈的波段跌勢。

◎投資股票要成功，不僅只是基本分析或技術分析這些技巧上的問題而已，必須經過不斷的磨練與陶冶自己的知識及心志，得到更深的體會與信念，而且要不斷的溫故知新。

選股操作實例

《第30章》金融及航運股實戰解析

Part 8

第30章 金融及航運股實戰解析

2003 年下半年至2004年3月，除了在前幾章提及的面板及DRAM股外，金融類股及航運類股是我選股操作的重點類股，整體操作成績還不錯。

最主要的原因，除了轉機、獲利成長及政策指標外，金融及航運類股9月KD值從低檔交叉向上、成交量放大、年線及兩年線等中長期均線回升、中長期趨勢轉多等均為重要考量因素。

金融類股操作實例

由於政府金融改革成效顯現，金控公司綜效不錯，造就金融類股獲利明顯成長，加上金融股是總統大選前的政策做多的指標類股，技術面又出現中長期買進訊號，因此在2003年第四季開始，金融類股就成為我主要選擇買進操作的類股之一。

回顧過去金融股走勢，1998年4月金融類股指數出現年線跌破兩年線的死亡交叉空頭架構，開始進入長達四年的空頭修正走勢。該類股指數1998年4月的低點1399點下跌，直到2001年7月的488點，才開始止跌，出現中期反彈行情。

金融股技術分析的買點及賣點

雖然此時金融股9月KD值交叉向上，年線也開始走平漸上揚，但因兩年線仍走低下壓，類股指數突破兩年線後，仍拉回整理，反覆震盪。

　　一直到了2003年8月，金融類股年線及兩年線同步上揚，並自該年9月起呈現黃金交叉向上助漲強勢，9月KD值也交叉向上，開始進入中長多走勢，因此2003年8月為金融類股較明顯的買點。

　　2003年10月金融股指數拉出中長紅線，突破2003年的高點844點及2002年的高點864點，且達到頸線3％以上確認點，形成中長期大底部。隨後的兩個月，金融股指數先出現突破後拉回走勢，測試頸線支撐後再攻，為第二個中長線買點。

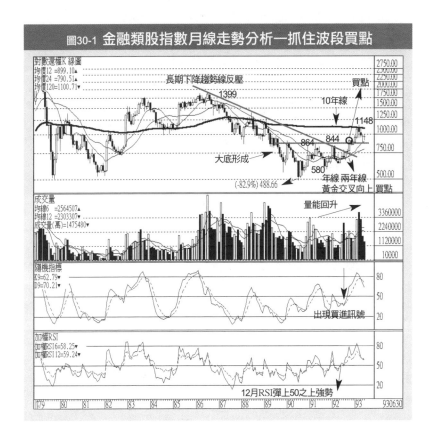

圖30-1 金融類股指數月線走勢分析─抓住波段買點

　　2004年第一季金融股指數上漲至1148點，因遇到走低的10年線反壓拉回整理，測試年線878點支撐。由於10年線尚在扣抵高檔指數，呈現走低局面，指數第一次反彈至10年線，即使突破也會拉回，因此金融類股指數反彈至10年線1110點附近，應可先調節。

　　如從K線型態分析，2002年4月的864高點拉回後，金融股指數在864點至580低點形成W底型態，若以頸線844點和580低點等幅測量，上漲滿足點也在1108點。

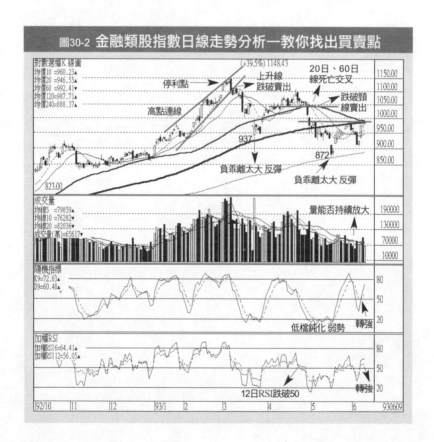

圖30-2 金融類股指數日線走勢分析─教你找出買賣點

　　如以2003年金融類股的上升軌道壓力來看，則約在1140點，和
金融股指數2004年第一季高點1148點接近，計算和年線的正乖離
也達到39％，應是漲多調節時機（詳見圖30-2、圖30-3）。

　　如果未能在1100點以上調節，總統大選後，金融股也受到衝擊拉
回，跌速很快且無量下跌，不過，下跌至3月23日的低點937點，
和月線負乖離已達12％，應有跌深技術性反彈。

　　金融股指數隨後在4月分展開反彈行情，但4月下旬和大盤一樣出

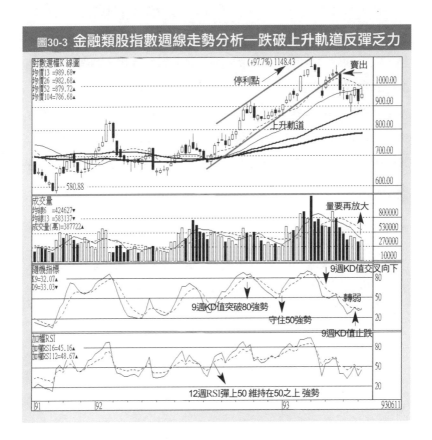

圖30-3 金融類股指數週線走勢分析—跌破上升軌道反彈乏力

現上漲乏力現象，指數在1040點以上形成小頭部，4月29日出現中長黑，跌破頸線支撐1040點，月線也反轉向下，此時應趕快出脫，待拉回和月線負乖離拉大，再介入搶反彈。

5月17日的低點872點，由於未跌破年線支撐，且和月線負乖離又拉大至12%，為搶跌深反彈時點。

金融股未來技術面怎麼看

相較大盤及電子類股跌破年線支撐，金融類股指數5月中旬拉回時守在年線之上，反彈也觸及季線，9週K值有領先止跌向上現象，成交量放大，部分主要金控股都呈現資減券增、籌碼面穩定情況，表現較大盤強勢。

不過9週KD值尚未確認交叉向上，成交量仍待進一步放大，未來金融股是否出現另一次中期買進訊號，仍待觀察，因為9週KD值交叉向上，需有成交量回升配合，才是明顯反轉向上、展開中波段漲勢訊號。

航運股榮景的啟示

隨著全球景氣復甦、貿易量成長、遠洋貨櫃航運景氣轉趨暢旺、運價不斷調漲，業者表示2003年為貨櫃史上最好的一年，陽明及長榮兩家貨櫃航運公司業績也明顯好轉。

如陽明在2001年度呈現虧損，2002年稅後EPS為0.62元，但2003年則大增至3.42元，2004年公司財測預估可達3.7元。長榮2002年稅後EPS為0.51元，2003年成長至1.68元，2004年公司財測達3.47元。

　　兩家公司在2002～2003年營運充滿轉機色彩,又具兩岸直航題材,股價表現相當強勁。陽明股價由2002年的6.27元上漲至2004年的44.8元,漲幅高達6.14倍;長榮則自9.15元漲至40.7元,漲幅也達3.45倍。

　　至於散裝航運BDI指數,在2002年由1000點附近開始上漲,至2003年4月上漲至2000點以上,高檔盤整一段時間後,7、8月雖進入淡季,但BDI指數卻突破前波高點,有淡季不淡現象。

　　由於亞洲地區夏天用電大增,以及大陸進口鐵礦砂量增多,又開始進入北美穀物收成旺季,冬天燃煤需求增溫下,散裝運價BDI指數頻創歷史新高,2003年9月下旬開始大漲,10月分急漲突破3000點一路攀升,至2004年元月上漲至5618點歷史新高點。

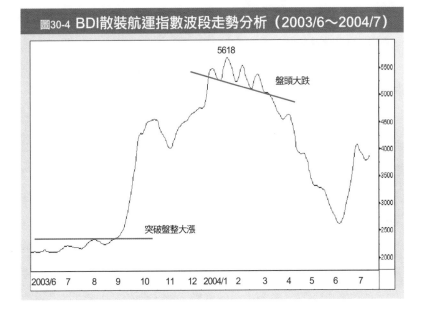

圖30-4 BDI散裝航運指數波段走勢分析(2003/6～2004/7)

　　業者表示，散裝航運運價及租金漲勢，皆為30年來首見，也是歷年來呈現船貨不平衡最嚴重的一次。散裝航運個股反應景氣大好，股價強勁飆漲，其中現貨船比例較高的裕民股價從2002年的5.96元大漲至2004年的61元，大漲9.23倍。

　　貨櫃航運、散裝航運景氣及股價都出現難得一見的榮景，帶給我們最大的啟示，就如同技術指標的例外原則一樣，當特別強的情況出現後，股價必然是大漲的。

　　投資人如回想過去EG價格飆漲，中纖股價從1988年5月的30.3元，大漲至1988年8月的156元，短短兩個多月漲幅高達4.14倍。再如1994年塑化原料大漲，台苯等塑化股股價大漲一樣，原物料價格因供需失衡大漲，股價通常會脫離常軌大幅飆漲，掌握此一特色，自然可買到強勢的轉機類股。

　　景氣循環股及原物料股，通常二、三年或數年會出現景氣好轉、股價大漲的轉機行情。

陽明股票操作實例

　　從技術線來看，陽明股價在2002年10月8元附近，年線已走平上揚，9月KD值也交叉向上，出現中長線買進訊號，2002年12月月線拉出中長紅線，月成交量明顯放大，年線及兩年線呈現黃金交叉，月K線型態在9.94元以下形成大W底，開始展開中長波段漲勢（詳見圖30-5）。

　　陽明股價在2003年元月最高上漲至22.9元，因和年線乖離太大，出現三個月整理走勢，換手後再攻堅，一路震盪攻堅至2004年3月19日的高點44.8元。雖然中長線漲勢強勁，但在2003年4月陽明的

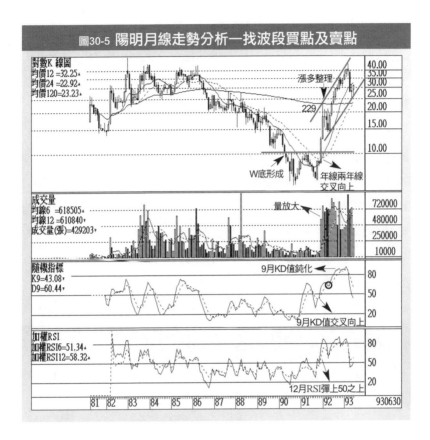

圖30-5 陽明月線走勢分析—找波段買點及賣點

9月KD值，當時呈現一度小幅交叉向下，中長線走勢因為出現轉弱
的疑慮。

　　以我的做法，會持續觀察該股5月分走勢，因為9月KD值小幅交
叉向下，開口只有－0.42，向下反轉力道不強，而且陽明週新價三
線並未翻黑，持股應可續抱。

　　陽明5月分又開始上漲，到了9月分，9月KD值突破80以上，呈
現高檔強勢鈍化，股價約在28至30元間，漲勢更確認為強勢，股價

又震盪攻堅至44.8元。

直到2004年3月，陽明9月KD值才出現交叉向下壓力。由於總統大選執政黨勝選，兩岸直航短期不可能實現下，加上陽明週新價三線跌破38.6元翻黑，我開始減碼撤出。

事實上，如以先前提及月K線或週K線的高點連線作為停利點，陽明可調節在44元附近。

如果以週新價三線翻黑點38.6元調節，雖與賣在44.8元高價相比，獲利差很多，但如果一開始在2002年10月下旬突破6.76元翻紅時買進，或者在2003年5月股價整理後、9月KD值再交叉上時的18.5元買進，進行波段操作，獲利也是很不錯的。

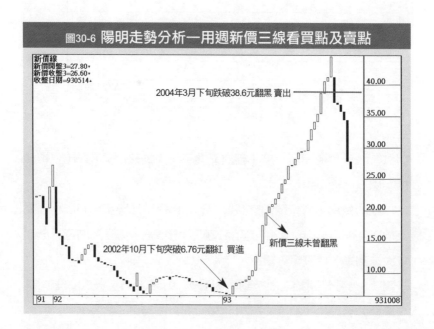

圖30-6 陽明走勢分析—用週新價三線看買點及賣點

裕民股票操作實例

散裝航運的裕民，在此波景氣行情中漲勢最強勁，該股在2002年10月時，年線及兩年線開始上揚回升，12月時拉出帶量中長紅線突破9.95元，形成中長期大底部，9月KD值也出現交叉向上買進訊號，不過股價衝高至14.73元後，拉回再測試頸線及年線支撐，大約又整理六、七個月。

在這段整理時期，裕民的9月KD值並未交叉向下，仍維持中長多

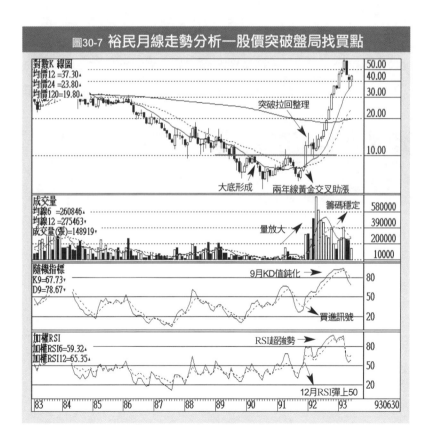

圖30-7 裕民月線走勢分析—股價突破盤局找買點

趨勢，直到2003年7月分才又拉出中長紅線，脫離14.73元以下盤局，加速上漲。由於7月是散裝航運淡季，但BDI指數卻不斷上漲，加上股價突破盤局，我大約是在此時開始注意、鎖定裕民波段操作。

隨著BDI指數不斷上升創新高，基本面大好，裕民股價也一路上漲，成交量還萎縮，籌碼面相當穩定。2003年10月，該股9月KD值出現突破80以上強勢鈍化現象，股價約在30元上下，隨後在五個月內又大漲一倍至61元。

不過BDI指數在2004年元月創下歷史高點後開始拉回，震盪盤頭，未再創新高。媒體以裕民第一季情況，預估該股今年EPS將達10元以上，在最好的基本面似已顯現的情況下，該股股價漲勢也開

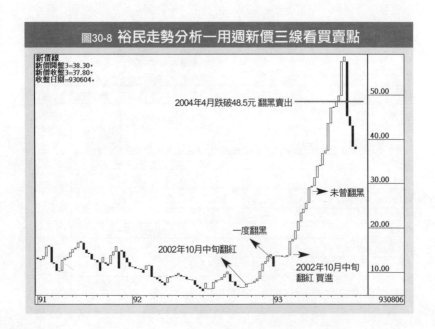

圖30-8 裕民走勢分析—用週新價三線看買賣點

始有鈍化現象，於是我漸出脫持股。

後來，澳洲3月間發生大水災，煤、鐵礦砂採購量及供應量減少影響，BDI散裝航運指數因此自高檔大幅滑落，加上中國大陸又採取宏觀調控進行經濟降溫，原物料買盤緊縮，且2004年南美穀物出口數量不如預期，使得運價持續下挫，6月初已下滑至3000點附近，反轉向下的速度相當快。

散裝航運指數在3月底、4月初跌破5000點時，運價趨勢上已出現一個小頭部。基於原物料價格通常和股價呈正向關係，當運價轉為跌勢時應出脫股票，那時候很容易可在50元以上停利賣出。

而裕民股價跌破月線，月線反轉向下的位置約在52至55元間，至於週新價三線翻黑點則在48.5元，雖和61元有相當差距，但如在2003年6月突破13.23元翻紅時買進，在48.5元賣出，投資報酬率達2.7倍，也是相當可觀。

挑選波段強勢潛力股的6個必備條件

除了景氣循環股外，毛利高、獲利佳的中小型業績成長股，也常出現中長波段上漲行情，漲幅達二至三倍。

投資人如在年線及兩年線上升、9月KD值交叉向上時買進，在其出現利多不漲反跌現象、週新價三線翻黑、9月KD值交叉向下時賣出，即可掌握波段利潤。

不過，要買到每個波段漲勢中的強勢潛力股，它須有下列條件：

(1) 須為強烈轉機的類股或個股、或是中小型高成長業績股。

(2) 景氣循環向上，股價也剛從低檔翻升。

(3) 不斷有基本面題材刺激，如原物料價格上漲，面板、DRAM

報價不斷上漲等。

(4)年線、兩年線呈現多頭回升助漲，成交量放大，中長線趨勢轉多。

(5)週新價三線翻紅，9月KD值低檔交叉向上。

(6)法人積極買進。

具有上列條件個股，再配合資券結構穩定，就是具潛力的黑馬股，投資人買進採取波段持有方式操作，等待中長線或中線賣出訊號出現再調節，就可賺取較大波段利潤。

 本章摘要

◎類股操作選股條件，以金融及航運類股為例，9月KD值從低檔交叉向上、成交量放大、年線及兩年線等中長期均線回升、中長期趨勢轉多等為重要考量因素。

◎貨櫃航運、散裝航運景氣及股價漲勢，帶給我們最大的啟示，就如同技術指標的例外原則一樣，當特別強的情況出現後，股價必然是大漲的。

◎原物料價格因供需失衡大漲，股價通常會脫離常軌大幅飆漲，掌握此一特色，自然可買到強勢的轉機類股。

◎操作中小型業績成長股，投資人如在年線及兩年線上升、9月KD值交叉向上時買進，在其出現利多不漲反跌現象、週新價三線翻黑、9月KD值交叉向下時賣出，即可掌握波段利潤。

附錄

附錄1

廖繼弘的私人筆記

由於每月初我必須在公司內部會議中，報告下一個月的行情展望，為了幫助自己隨時掌握最新資料，也避免開會前才臨陣抱佛腳，所以我會將每天做功課所吸收的重要資訊，直接在報告的Power Point檔案中做更新，也算是我個人的投資筆記吧。

筆記中涵蓋了利多利空彙總、總體經濟、電子業、傳統產業、股市的基本面與技術面等狀況，以及投資策略等六大部分。就像Check List（檢查表）一樣，不僅可以提醒自己應注意的事項，隨著最新數據的更新，還能讓我對最新趨勢的演變了然於胸。

當然，對於主流產業，例如面板與DRAM，我在著墨上自然會比較詳細。以下就是我以2004年9月初的報告檔案為例，供大家做參考：

 利多利空因素彙總

A、利多因素
◎全球及美國景氣2004年持續復甦
◎台灣景氣復甦力道轉強，今年經濟成長上看5.5～6%
◎央行寬鬆貨幣政策不變，資金情勢寬鬆
◎MSCI未來將逐步調高台股權重，外資中長期將持續流入加碼

台股
◎美2004年總統大選，美股可能有選舉行情
◎電子產業進入旺季
◎台灣50成分股上半年稅後EPS達2.05元，成長54％
◎台股大幅修正後，籌碼面壓力減輕

B、利空因素
◎全球經濟景氣成長趨緩
◎恐怖攻擊事件頻傳，地緣政治風險持續升高
◎Fed採漸進式升息，2004年底可能上升至2％
◎國際油價突破43美元，創21年新高，高油價將衝擊全球經濟
◎大陸實施宏觀調控進行經濟降溫，衝擊全球景氣
◎2005年企業獲利將下滑
◎電子業景氣可能旺季不旺，半導體景氣2005年下滑
◎美股轉弱，進入中期整理走勢
◎外資券商調降電子業投資評等，外資買盤縮手
◎半年線跌破年線，台股中長期技術面轉弱壓力上升

Part 2 **總體經濟**

A、全球經濟景氣
◎葛林斯班：美國經濟景氣繼續擴張，2004年經濟成長率4～
4.75％，2005年3.5～4％
◎葛林斯班：全球經濟復甦更強勁也更持久

表1 **全球經濟成長率預測**

	OECD			IMF		
	2003	2004	2005	2003	2004	2005
全球	2.2%	3.4%	3.3%	3.9%	4.6%	4.4%
美國	3.1%	4.7%	3.7%	3.1%	3.5%	3.1%
歐元區	0.5%	1.6%	2.5%	0.4%	1.7%	2.3%
日本	2.7%	3.0%	2.8%	2.7%	3.4%	1.9%
中國	8.4%	7.8%	7.5%	9.1%	8.5%	8%

B、影響全球經濟景氣變數

◎大陸宏觀調控：一般看法偏向大陸景氣影響為短空長多，中共社科院認為大陸經濟將軟著陸，估2004年經濟成長率回落至8.5％

◎美FED升息：升息通常是經濟景氣好轉之表徵，Fed調升的幅度及速度為關鍵

◎國際油價如長期維持在40美元高檔，2004年全球經濟成長率可能下降0.5％以上，2005年下降達1％，亞洲開發中國家受創最深

◎經濟學人：國際油價如長期維持在40美元以上，美2005年經濟成長率將減少0.5％，日本減少1％

C、台灣經濟景氣成長趨緩

◎主計處上修台灣2004年經濟成長率至5.87％，2005年成長趨緩至4.49％，中研院估5.76％，中經院上修至5.35％，2005年4.44％

◎6月分外銷訂單金額高達177億美元，成長28.01％，創歷年次高新高，電子產品增加12.4億元，成長46.3％，資訊通信產品成長18.76％，精密儀器產品成長125％

◎7月景氣對策信號由紅燈降為黃紅燈，綜合判斷分數由36分下降為35分，領先指標綜合指數107.9，較5月下滑0.4％，已連續三個月下滑，同時指標也下降，顯示台灣景氣高峰已過，經濟成長力道趨緩

D、升息壓力上升，股市資金動能減退

◎Fed 6月升息一碼，承諾將以漸進方式升息，但通貨膨脹快速上升時將加快升息腳步，經濟學家因此預測至2004年年底將上升至2％

◎美6月分通膨數據普遍呈現溫上揚，Fed未來將持續漸進式升息，8月再調升0.25％

◎英央行調高基本利率一碼至4.75％，為三年來新高

◎央行：美國升息，央行以靜制動，暫不調高重貼現率，微調拆款利率因應

◎過去經驗顯示Fed升息後，最快三至六個個月，我國央行才會

升息
◎6月金融機構流動準備率為33.56％，市場資金仍浮濫
◎M1B年增率7月分下滑至18.99％，股市資金動能減退
◎政府2005年包括土銀、台銀、中信局及台電釋股規模達千億
元以上

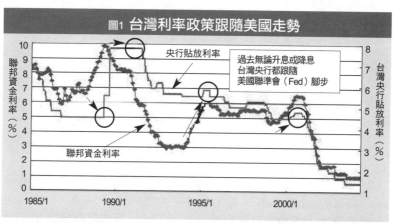

圖1 台灣利率政策跟隨美國走勢

央行貼放利率

過去無論升息或降息
台灣央行都跟隨
美國聯準會（Fed）腳步

聯邦資金利率

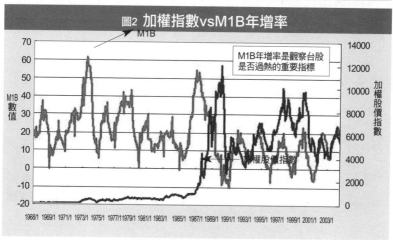

圖2 加權指數vsM1B年增率

M1B

M1B年增率是觀察台股
是否過熱的重要指標

加權股價指數

電子業景氣概況

A、半導體市場2005年成長趨勢

◎美林證券：半導體2004年達供需平衡，2005年超額供給，半導體營收成長率由16％調降至6％

◎應用材料宣布下季季成長幅度降至5％（前二季均成長30％），顯示半導體景氣恐不再攀高

◎Dataquest：全球半導體市場2004年成長27.4％，2005年成長9.3％，晶圓廠產能利用率2005年第三季開始下滑

B、晶圓代工產能利用率展望

◎Dataquest：晶圓代工市場2004年成長41％，2005年成長37％，產能吃緊

◎台積電遭大客戶砍單，產能利用率下滑，第四季營收成長率較預期少5％

◎聯電：第三季晶圓出貨量較第二季成長15～16％多，平均銷售單價上漲3～4％，產能利用率滿載

◎晶圓代工價格鬆動，訂單能見度下降，聯電及台積電給予部份客戶折讓，降幅約5％

C、DRAM廠獲利狀況

◎Isuppli：各大廠相繼擴產，全球12吋產能第四季將大增100％以上，DRAM現貨價格2004年底出現低點

◎Hynix擬將NAND快閃記憶體占產能由5％提高至20％，可望穩定DRAM價格

◎INTEL調降CPU價格，帶動DRAM買氣，國際OEM大廠庫存僅兩週，DRAM廠及模組廠庫存不到一週，有利於現貨價反彈

◎三星：各大晶圓廠拉升DDRII比重，第四季DRAM供給將因此短缺1.5％

◎瑞銀：DRAM2005年供過於求比例從0.7％擴大至2.3％

D、DRAM合約價研判

◎DRAM現貨價格8月守住4美元,反彈至4.5美元

◎DRAM8月下旬合約價小跌1~2%,由於INTEL調降P4微處理器二至三成,可望刺激電腦買氣,DRAM需求看漲

◎三星9月DRAM合約價上揚1.3~2.5%

E、面板價格研判

◎友達:面板價格第三季將調降10~15%,LCD電視面板可能較上半年大跌20%

◎三星電子:下半年LCD供給增加,價格估下跌10~20%

◎17吋面板價格均價240~250美元,最低下跌至210美元,Display Search表示9月底、10月初庫存可望下降,價格將止跌

◎奇美:面板產業黑暗中未見曙光,將降價15~20%

F、面板產業前景分析

◎Display Search認為面板第三季供過於求12%,第四季8%,考慮零組件供應問題,下半年供過於求6~8%

◎奇美預計第三季降低五代廠投片速度10~15%,並延後部分五代廠設備交機時間

◎宏碁:面板第四季會缺貨,但不嚴重,仁寶表示,面板8、9月供給再告吃緊,要到年底後才能紓解

◎三星電子表示面板需求9月會慢慢回升,華映認為8月價格會回穩,彩晶表示8月落底

◎友達表示,面板9月需求將回升,10月價格可望止跌回升,奇美認為面板價格已經到底,不會再低

G、LCD電視需求預估

◎Display Search:LCD監視器需求2004年6500萬台,成長32%,2005年9200萬台,成長42%

◎LCD監視器因淡季效應及面板價格上漲,第二季衰退幅度將大於預期,庫存去化至8月底,9月是興衰關鍵

◎明電:LCD電視面板價格下半年將跌價20%

◎LCD電視價格居高不下,全年出貨可能不如預期

◎友達:LCD電視2004年需求800萬台,2005年成長一倍

H、LCD零組件供需

◎ITIS：下半年面板價格將出現鬆動，並反應至零組件價格

◎康寧：玻璃基板缺口達5至10％，2005年仍將供不應求，2004、2005兩年都缺貨

◎康寧熔爐歲修，8月玻璃基板供給減少，面板廠可能要降低產能利用率，有利庫存調節

傳統產業景氣概況

A、鋼鐵業

◎國際鋼鐵行情上揚，中鋼第四季盤價上漲500至900元，由於礦砂及焦煤合約價醞調漲15～20％，國際扁鋼胚價格上漲，2005年盤價仍有至少50美元漲幅

◎中鋼：原物料仍短缺，2005年價格有上漲壓力，高級鋼品供應嚴重不足

◎林義守：2005年上半年鋼鐵業仍會因原料因素和需求大於供給帶動下，持續維持榮景

◎日本廢鋼出口價格下跌30美元，國內廢鋼價格下跌300元，鋼筋價格漲勢稍歇

B、房地產市場

◎內政部建研所：房地產對策信號連三季出現綠燈，第一季領先指標綜合指數上升0.87％，已連續四季上揚，顯示房地產景氣持續走揚

◎經建會：房價信心綜合分數較2003年成長三成，是調查以來最高點，房價信心對策信號也首度由綠燈轉為黃紅燈，但房價上漲高於所得增加速度

◎經建會第二季房價信心指數比第一季下滑8.21％，國泰建設第二季房價指數94.02％，較上季成長1.98％，呈現價漲量增格局

◎美6月開始升息，利率未來可能走揚，是否影響房地產買氣待

觀察

C、水泥業

◎水國內內銷價每噸約1850～1900元，業者表示第四季將不會調漲水泥價格，但因煤炭價格大漲，較2003年同期約高出一倍以上，營運成本上升，2005年元月可能再調漲

◎因中國缺電效應及房地產有回溫情況，大陸7月分水泥價格上漲5～10％，預期第四季持續上揚

◎美國營建景氣升溫，水泥銷售暢旺，但海運價格上揚且運量不足，美國已有30個州缺水泥，8月國內外銷水泥均價每噸上漲2美元，外銷水泥價格仍有上揚趨勢

◎立法院表決通過新十大建設第一年編列365億元預算及七二風災重建資金57億元，對國內業者未來營運有利

D、金融業

◎本國銀行存放款利差第一季降至2.38％，連六季下滑，為16年最低，銀行拓展手續費收入取代傳統利差收入

◎7月底本國銀行逾放比由2003年年底4.33％降至3.53％，覆蓋率提高為34.24％，較2003年年底增加2.39％，獲利可望明顯提升

◎2004年6月底國銀淨值報酬率達5.75％，有機會達到10％以上，金融股投資價值浮現

◎RTC有條件延長一年

◎壽險類股為利率走升的受惠族群

E、石化業

◎中油乙烯8月合約價730美元，丙烯740美元，乙烯合約價和遠東區現貨價相差500美元，石化中下游獲利看好

◎SM8月實收價大漲250美元達1440美元，廠商利差每噸達191美元

◎SABIC等國際大廠陸續歲修，EG全球產量減少100萬噸，第三季供不應求，加上乙烯大漲，EG現貨價衝上1000美元，大陸EG現貨上漲至1100美元

◎2005年前EG沒有新產能加入，聚酯化纖產能快速擴增，EG仍

　　呈短缺，後市看好
◎化纖業旺季來臨，10月調漲7％

F、遠洋航運
◎倫敦航運顧問公司Drewey：2005年全球貨櫃船業的裝載能量
　　成長8.8％，需求僅成長7.2％，供過於求的現象將使費率有下
　　修壓力
◎經濟學人：全球海運業景氣最好的情況已過去
◎陽明：美國線2004年船舶需求成長15％，歐洲成長13％，市
　　場實際船噸成長11％，2005年美國線成長13％，歐洲線成長
　　15％，船噸成長12％，市況仍看好
◎2005年船舶供給增加幅度近3％，但仍低於全球經濟成長率4
　　％，2006年船舶供給增加至4％
◎亞洲航線9月20呎櫃再調漲50美元，40呎櫃調漲100美元，澳
　　洲線9月20呎櫃漲300美元
◎美國線6月15日起加收旺季附加費，歐洲線10月20呎櫃調漲
　　150美元，南非線10月漲100美元
◎散裝業者：中國，印度，東歐地區對原物料需求才剛開始，
　　2004年全球散裝船供給噸數增加4.7％，2005及2006年成長
　　率只有5.4％及5.8％，但需求在兩位數以上，散裝航運榮景可
　　持續

股市狀況

A、外資買賣超
◎2003年買超台股5490億元創新高，2004年至7月僅小幅買
　　超，買盤明顯縮手，8月買超574.8億元，持股市值占台股總
　　市值約21～22％
◎5月淨匯出36億美元，為過去十四個月來首次匯出，6月匯淨
　　出7.43億美元，7月淨匯出5.04億美元，8月小幅匯入，累積淨
　　匯入降至714億美元附近
◎MSCI將於11月調高台股權重，可投資因子由0.55調升至0.75，
　　預估將吸引50至100億美元流入

B、國際面

◎國際油價在50美元整數關卡遇壓拉回（40～50美元區間）

◎伊拉克恢復供油，美石油庫存偏高，國際油價回軟

◎美國股市反彈：道瓊重返萬點，NASDAQ指數從1750點反彈至1861點，SOX指數從360點反彈至394點

◎南韓股市從714低點反彈近820點，突破年線805點及半年線810點（南韓指數822點相當於台股6020頸線）

C、基本面

◎電子業景氣露出曙光：三星等一線面板廠價格趨穩，DRAM現貨價反彈，INTEL降CPU及晶片組價格，可望刺激PC需求

◎中鋼第四季盤價開平高盤，航運業淡季不淡，鋼鐵業景氣持續熱絡，塑化股獲利拉升，金融股合併題材，投資價值展現

◎台股7月底股價淨值比降至1.56倍，相較台股過去2.2倍至2.5倍低水平仍屬相對低檔

◎台股7月底，總市值占GDP比值約1.14倍，相較台股近年來高點時之1.5倍而言，尚屬合理水準

◎台灣証券交易所：台股7月底本益比降至13.77倍，為近十年來新低

D、市場面

◎5300點以下護盤積極，出現利空不跌現象

◎外資今年至7月底僅買超147.7餘億元，買盤明顯縮手，但8月分買超積極，買超574.8億元，為今年單月第二大買超，8月至20日止匯入0.9億美元

◎投信不含平衡型基金持股水位降至80％以下

◎自營商持股比例低，權証停止發行，助漲助跌影響降低

◎融資餘額自高檔減肥27.5％，超過指數跌幅，有利大盤反彈

E、技術面

◎兩年線支撐在5330點，修正4044低點至7135高點拉回0.618滿足點在5224點

◎月線連五黑，8月為自7135高點拉回第五個費氏轉折月分

◎修正4044低點至7135高點上漲43週拉回0.618滿足點在8月

底，8月分為重要時間轉折點

◎9週KD值修正至低檔，未出現低檔鈍化現象，轉折向上出現中期買進訊號

◎9月KD值交叉向下至另次交叉向上，依歷史經驗來看短則10個月，長則18至19個月，但9月KD值交叉向下修正階段往往出現中期反彈行情

◎半年線向下跌破年線，年線走平，未形成死亡交叉，但中期年線仍有走低壓力

◎過去9月KD值交叉向下，年線也反轉向下助跌，則進入較長時間空頭修正走勢

Part 6 操作策略

A、中期反彈訊號

◎兩年線走平上揚，5330點以下具支撐

◎月線及月均量同步回升，12日RSI彈上50之上，9週KD值自低檔交叉向上，週新價三線翻紅，中期轉強

◎6日RSI反彈至90附近，9日KD值都彈上80以上，為7135點拉回以來少見強勢，拉回整理後仍會再攻堅

B、中期反彈目標

◎26週線及52週線及260週五年線壓力都在6000點附近，7135點及6916 兩高點之M頭頸線在6020點，5450低點反彈高點在6137點

◎修正7135點至5255點跌幅反彈0.382滿足點在5973點，反彈0.5滿足點在6195點

◎十年線壓力在6432點

C、操作策略：逢回擇強及擇優買進

◎此波反彈先看中期反彈，是否轉為中長期回升行情仍待觀察，9週KD值能出現高檔鈍化強勢，大盤才能由中期反彈轉為

中長期回升走勢

◎指數自5255低點反彈幅度達11.6％，但融資餘額僅增加2％，融券張數大增至116.64萬張，增幅112％，資券結構有利反彈

◎如大盤急漲至6000點爆量可先短調，如先壓回可逢低承接，指數區間暫看5650點至6000點，較大壓力在6200點

◎觀察12週RSI強弱度，在3至4週內能否站穩於50之上，12週RSI如站不穩50之上，則反彈力道減弱

◎出現融資明顯增加，但大盤漲勢趨緩，成交量大增後萎縮，無法再創大量，9週KD值至高檔轉折向下時，要注意中線轉弱時機

◎金融股、航運、鋼鐵股為主軸進行類股輪漲，可輪流操作，強勢股拉回10日線買進

◎國內壽險公司上半年投資金融股比重明顯上升（國壽達91億元、新壽達97億元），外資也明顯加碼，可留意是否形成選前指標股

◎金融股指數年線持續向上助漲，趨勢仍強，電子股指數半年線和年線呈死亡交叉，相對金融股弱勢

內文附圖目錄

國家圖書館出版品預行編目資料

我的技術線型會轉彎／廖繼弘著--初版
--台北市：城邦文化，2004[民93]
面： 公分（Smart智富.贏家系列:3）
ISBN 986-120-115-7（平裝附光碟片）
1.證券 2.投資
563.53 93018364

Smart 贏家系列 3
我的技術線型會轉彎

作者	廖繼弘
文字審定	周偉康
PC home集團發行人	詹宏志
PC home集團總經理	童再興
社長	林奇芬
出版部總編輯	李美虹
執行主編	楊秀清
美術設計	黃凌芬
版面構成	黃凌芬、許宂薰、高茲琳
出版所	城邦文化事業股份有限公司
地址	台北市104中山區民生東路二段141號2樓
讀者服務電話	0800-020299
服務時間	週一至週五9：30～12：00；13：30～17：30
24小時傳真服務	02-25170999
讀者服務E-mail	cs@cite.com.tw
劃撥帳號	19833503英屬蓋曼群島商家庭傳媒股份有限公司城邦分公司
初版二刷	2004年11月
製版印刷	凱林彩印股份有限公司
總經銷	英屬蓋曼群島商家庭傳媒股份有限公司城邦分公司

有了財富，就有無限的自由

$mart智富

104 台北市民生東路二段141號2樓

英屬蓋曼群島商家庭傳媒股份有限公司城邦分公司 收

●請沿著虛線對摺，謝謝。

有了財富，就有無限的自由

$mart智富

書號：2BA003　　書名：我的技術線型會轉彎　　編碼：